DAS KULTURELLE GEDÄCHTNIS · ASTV NON VI · VERLAG

ALLES GUTE!

INHALTSVERZEICHNIS

HÄTTEST DU DENN ANDERS GEHANDELT?

AUSNAHMEN ZUR REGEL DES KRIEGES

WIR ALLE REISEN DEN GLEICHEN WEG

ZUM GUTEN AUFMUNTERN

... und laß uns ruhig schlafen
und unsern kranken Nachbarn auch.

... heißt es in den beiden letzten Zeilen des Gedichts »Abendlied«, das Matthias Claudius 1779 verfasste, und das unter dem Liedtitel »Der Mond ist aufgegangen« einige Jahre später vertont wurde. Zunächst handelt der Text von der beginnenden Dämmerung, in die eingehüllt, der Mensch des »Tages Jammer« vergessen kann. Dann vom Mond, der, nur halb aufscheinend, die Menschen daran erinnern soll, dass sie zuweilen Dinge belachen, weil ihre »Augen sie nicht sehen«.

Schließlich mündet das Gedicht in einer Bitte an Gott, dem Menschen trotz seiner Eitelkeit einen »sanften Tod« zu schenken. Dass es danach mit der Hinwendung zum »kranken Nachbarn« endet, überrascht, weil zuvor von ihm nicht die Rede war. Umso mehr entsteht beim Lesen oder Singen ein erhabener Moment: unvermutet blitzt die Selbstlosigkeit des Menschen auf. Zwar klingt darin die christliche Nächstenliebe an, aber es geht um einen universellen Wesenszug, der alle Menschen miteinander verbindet.

In diesem Buch geht es um solche Lektüreerlebnisse; um beispielhaft gutes Handeln und Denken, um den Glauben an das Gute, der nötig ist, als Gegengewicht zu all den Schreckensnachrichten, die uns alltäglich umgeben, die unser Menschenbild und unseren Blick auf die Welt so sehr aus der Balance bringen – so dass wir statt Zukunft nur noch Untergang sehen.

Die hier versammelten Geschichten, Gedichte und Gedanken sollen Hoffnung geben und den Menschen von seiner besten Seite zeigen. Das ist einerseits naiv, andererseits unerlässlich, denn wer den Glauben an die Befähigung des Menschen zum Guten in sich bewahren will, braucht gute Geschichten.

Mehr noch: er muss davon ausgehen, dass der Mensch »Im Grunde gut« ist. So wie es der niederländische Historiker Rutger Bregmann (der eine der wichtigsten Inspirationsquellen für uns war) in seinem gleichnamigen Buch dargelegt hat. Bregmann erläutert neuste Erkenntnisse der Psychologie und Biologie, der Archäologie und der Anthropologie, der Soziologie und der Geschichtswissenschaft, gelangt zu dem Schluss, dass der Mensch über Jahrtausende hinweg ein falsches Selbstbild kultiviert hat; den Menschen als Egoisten, Bestie oder Schlimmeres angesehen hat. Damit einher ging und geht die Idee, dass es sich bei der Zivilisation nur um eine dünne Schicht handelt, die beim geringsten Anlass reißt.

Die Wirkungen dieses negativen Menschenbildes nennt Bregmann einen »Nocebo-Effekt«: »Wenn wir glauben, dass die meisten Menschen im Grunde nicht gut sind, werden wir uns gegenseitig auch dementsprechend behandeln. Dann fördern wir das Schlechteste in uns zutage.«

Sobald wir glauben, dass die meisten Menschen gut sind, ändert sich alles. In unserem Umgang miteinander, aber auch für unser eigenes Leben. Es wird besser und sinnhafter. Soll das gelingen, muss man das »Gemüt erheben« und »zum Guten aufmuntern«, heißt es in Campes Wörterbuch der Deutschen Sprache aus dem Jahre 1811 – denn das sei das Ziel der »Erbauung«. In diesem Sinne hoffen wir, dass dieses Buch ein erbauliches ist.

Eine Lektüre für Minuten, um sich mit wohlgesonnen Menschen durch die Zeiten und Kulturen zu verbinden und dabei Mut zu bekommen für die Zukunft.

Berlin, im Frühjahr 2024
Thomas Böhm und Peter Graf

DER MENSCH IST GUT

Man schreit uns in die Ohren, daß die menschliche Natur überaus verdorben, daß der Mensch als Kind des Teufels bös und von Anfang schlecht sei. Nichts ist unrichtiger: denn du, mein Freund, der du solche Rede führst und behauptest, alle Welt sei urverdorben, stellst dich ebenso hin und willst, daß ich mich vor dir in acht nehme wie vor einem Fuchs oder einem Krokodil.

»Ah nein,« sagst du, »ich bin neugeboren, regeneriert, weder erblich belastet noch treulos, auf mich kann man sich verlassen!«

Und die anderen Menschen alle, entweder erblich belastete oder treulose, wie du sie nennst, sind wohl nur eine Gesellschaft von Ungeheuern! Jedesmal, wenn du mit einem Lutheraner oder Türken sprichst, mußt du sicher sein, daß sie dich bestehlen und niedermachen werden; denn sie sind aus Teufelsgeschlecht, sind böse geboren: entweder noch nicht regeneriert oder schon degeneriert.

Es wäre aber viel vernünftiger und edler, den Menschen zuzurufen: »Ihr seid alle gut! Aber wißt, wie schrecklich es wäre, die Reinheit eures Wesens zu verderben.« Man müßte mit dem ganzen Menschengeschlecht vorgehen wie mit dem einzelnen Menschen. Wenn ein Abt ein skandalöses Leben führt, sagt man ihm: »Wie können Sie die Würde eines Abtes entehren!« Man flüstert einem Richter zu, daß er doch die Ehre hat, Berater des Königs zu sein, und er das gute Beispiel geben muß. Einen Soldaten muntert man an: »Bedenke, daß du zum eisernen Champagne-Regiment gehörst.« Und so sollte man jedem Individuum zurufen: »Gedenke deiner Menschenwürde!«

Und wahrlich, obwohl jeder sie kennt und hat, was bedeutet dieser in allen Nationen so gebräuchliche Ausdruck: »Geh in dich«? Wenn man ein Teufelskind wäre, von verbrecherischem Geschlecht, mit höllischem Blut in den Adern, könnte das »Geh in dich« nur bedeuten: Gehorch deinen diabolischen Instinkten, betrüge, stiehl, morde, denn das ist das Gesetz deiner Väter.

Der Mensch ist nicht bös geboren: er wird böse, wie man krank wird. Aber Ärzte kommen und sagen: »Du bist krank geboren.« Ist es so, so werden die Ärzte, was sie auch sagen und tun, nicht helfen; aber sie sind dann selber auch sehr krank.

Vereinigt sämtliche Kinder des Erdballs: ihr werdet nur Unschuld, Sanftmut und Furcht finden. Wären sie von Geburt böse, verbrecherisch, grausam, müßte es doch schon bei ihnen einige Anzeichen geben, wie die kleinen Schlangen zu beißen und die jungen Tiger zu zerreißen versuchen. Aber da die Natur dem Menschen nicht mehr Angriffswaffen gab als den Tauben und den Kaninchen, kann sie ihm unmöglich auch Zerstörungsinstinkte zugedacht haben.

Also: der Mensch ist nicht von Geburt böse. Warum sind dann viele von der Bosheitspest infiziert? Weil die an ihrer Spitze Stehenden krank sind und sie die übrigen Menschen anstecken, wie der durch eine amerikanische Frau angesteckte Kolumbus bei seiner Rückkehr ganz Europa verseuchte. Der erste übermütige Mensch hat die Erde verdorben.

Da werdet ihr entgegnen, daß dies erste Monstrum den Keim aller Schlechtigkeiten, der in den anderen lag, nur weckte. Es ist allerdings zuzugeben, daß im allgemeinen alle unsere Brüder diese Laster erwerben können: muß aber jeder das Faulfieber oder den Blasenstein bekommen, weil jeder dem ausgesetzt ist?

Ganze Völkerschaften sind nicht böse: die Philadelphier zum Beispiel haben nie einen Menschen getötet. Die Bewohner von China, Tonking, Lao, Siam und selbst Japan kennen seit hundert Jahren keinen Krieg. Kaum alle zehn Jahre gibt es ein Großverbrechen, das die menschliche Natur in Rom, Venedig, Paris, London und Amsterdam, lauter Städten, wo doch die Habgier, die Mutter aller Laster, grimmig wütet, in Staunen setzt.

Wären alle Menschen im Grunde schlecht und einem ebenso verbrecherischen und unglückseligen Wesen untertan, wofür sich zu rächen sie alle Wutmittel ergreifen würden, dann gäbe es jeden Tag von ihren Gattinnen erdolchte Männer, Väter von ihren Söhnen erdrosselt, wie man bei Morgengrauen von Mardern getötete und ausgesogene Hühner am Wege findet.

Eine Milliarde Menschen gibt es auf Erden, gut gerechnet: also ungefähr fünfhundert Millionen Frauen, welche nähen, weben, ihre Jungen ernähren, den Haushalt sauber führen und ein wenig über die Nachbarin klatschen. Was tun die auf dem Erdboden Böses? Ferner gibt es wenigstens zweihundert Millionen Kinder, die sicher weder töten noch stehlen, und ebensoviel Greise und Kranke, die dazu nicht fähig sind. Bleiben übrig einhundert Millionen junge Leute, die stark und zum Verbrechen gerüstet wären. Davon sind neunzig Millionen mit dem Bebauen der Erde beschäftigt, um in Arbeit Essen und Kleidung herzuschaffen: auch die haben keine Zeit, Böses zu tun.

Die zehn letzten Millionen umfassen viele Müßiggänger oder gute Gesellschaft, die das Leben genießen will; Künstler und Wissenschaftler; Magistratspersonen und Priester, die, wenigstens scheinbar, ein reines Leben führen müssen. Bleiben also als böse Menschen einige Politiker, die immer die

Welt in Wirrsal erhalten wollen, und einige Tausend Gauner, die ihnen ihre Dienste vermieten. Doch gibt es nie eine Million dieser wilden besoldeten Tiere beisammen: und zu diesen rechne ich die tatsächlichen Straßendiebe. So existiert im ganzen, sogar zu den schlimmsten Epochen, höchstens ein schlechter Mensch unter tausend: und auch der ist es nicht immer ganz.

So gibt es auf Erden viel weniger Böses als allgemein geglaubt wird. Gewiß gibt es noch Unglücksfälle und schlimme Verbrechen. Aber die Sucht zu übertreiben und zu klagen ist so groß, daß ihr bei der geringsten Anrempelung schon Mord und Zeter schreit. Einmal betrogen, glaubt ihr, alle Menschen seien unehrlich. Ein schwermütiges Wesen, das viel Leid erduldete, sieht in der ganzen Welt nur Verdammte, genau wie ein junger Genießer, der mit einer Dame nach der Oper soupiert, sich nicht vorstellt, daß es noch Hungernde gibt.

YVAN GOLL

HÄTTEST DU
DENN ANDERS
GEHANDELT?

Warum das Leben, das Lebend'ge hassen?

Beschaue nur in mildem Licht

das Menschenwesen, wiege zwischen Kälte

und Überspannung dich im Gleichgewicht;

und wo der Dünkel hart ein Urteil fällte,

so laß ihn fühlen, was ihm selbst gebricht;

du, selbst kein Engel, wohnst nicht unter Engeln,

Nachsicht erwirbt sich Nachsicht, liebt geliebt.

Die Menschen sind, trotz aller Mängeln,

das Liebenswürdigste, was es gibt;

fürwahr, es wechselt Pein und Lust.

Genieße, wenn du kannst, und leide, wenn du mußt,

vergiß den Schmerz, erfrische das Vergnügen.

Zu einer Freundin, einem Freund gelenkt,

mitteilend lerne, wie der andre denkt.

Gelingt es dir den Starrsinn zu besiegen,

das Gute wird im ganzen überwiegen.

JOHANN WOLFGANG VON GOETHE

DIESEN DREIER SOLLEN
DIE ARMEN HABEN

Folgende zwei Beispiele von Wohlthätigkeit erzählt ein Prediger in Berlin, der nebst einigen andern Personen in der Stadt umhergieng, um von Hause zu Hause eine Kollekte für die Armen zu erheben. »Wir kamen« – sagte er – »zu einem bejahrten Mann, der ein Schuhmacher ist, und oben in einem Dachstübchen wohnt, und wollten sogleich wieder zurückgehen, als wir bei dem Eingang in ein kleines Kämmerchen die allerbitterste Dürftigkeit gewahr wurden. Er bat uns aber, ein wenig zu verweilen, und holte unter seinem Schurzfelle eine kleine blecherne Büchse hervor. Sein ganzer Schatz, den er sich aus derselben in die Hand schüttete, bestand aus fünf kleinen Dreiern (Kreuzerstücken), die er einem nach dem andern vor sich hinzählte. »Diesen hier brauche ich heute Abend zu Brod« – sagte er, »diesen zu Bier, den zu Licht, den zum Frühstücke, und diesen sollen die Armen haben.« Wir steckten den Dreier in die Armenbüchse, und gaben dem guten alten Mann etliche Groschen aus unsern Taschen. Er nahm sie mit Dank, und sagte: »Je nun, ich brauche es wohl, denn ich habe auf morgen noch keine Arbeit, aber es ist mir doch auch sehr lieb, daß Sie meinen Dreier für die Armen nicht verschmäht haben.« – Ferner kamen wir zu einem alten Juden, der in einem rabbinischen Buche las, hinter ihm standen zwei Knaben. Ich sagte, daß ich mit meinem Begleiter käme, um auch ihn um einen Beitrag zur Abstellung des Bettelns zu ersuchen. Er stand stillschweigend auf, holte aus einem kleinen Schränkchen einen kleinen Beutel hervor, worin nur eine äußerst mäßige Summe zu seyn schien, und gab reichlicher als ich es erwartet hatte. Während der Zeit fragte einer von den Knaben, ob die Sammlung etwas für die französische Kolonie geschehe? Indem ich ihm desßhalb eine genauere Auskunft geben wollte, hub der Greis mit einem warmen aber nicht heftigen Tone an: »Was fragst du, für wen es ist? Es ist für Menschen. Was liegt daran, wie sie heißen? Es sind Kinder unsers Vaters, und Er hat es uns gegeben, daß wir ihnen helfen sollen.«

DIE VOLLEN UND ÜBERSCHWENGLICHEN GENÜSSE, EIN LEBEN IN EDELMUT UND MENSCHEN-LIEBE ZU FÜHREN

Sie hören mich so viel und so lebhaft von der Tugend sprechen, und doch weiß ich, daß Sie mit diesem Worte nur einen dunkeln Sinn verknüpfen; Lieber, es geht mir wie Ihnen, wenn ich gleich so viel davon rede. Es erscheint mir nur wie ein Hohes, Erhabenes, Unnennbares, für das ich vergebens ein Wort suche, um es durch die Sprache, vergebens eine Gestalt, um es durch ein Bild auszudrücken. Und dennoch strebe ich ihm mit der innigsten Innigkeit entgegen, als stünde es klar und deutlich vor meiner Seele. Alles was ich davon weiß, ist, daß es die unvollkommnen Vorstellungen, deren ich jetzt nur fähig bin, gewiß auch enthalten wird; aber ich ahnde noch mehr, noch etwas Höheres, noch etwas Erhabeneres, und das ist recht eigentlich, was ich nicht ausdrücken und formen kann. (...)

Wenn ich Ihnen mit einigen Zügen die undeutliche Vorstellung bezeichnen soll, die mich als Ideal der Tugend im

Bilde eines Weisen umschwebt, so würde ich nur die Eigenschaften, die ich hin und wieder bei einzelnen Menschen zerstreut finde und deren Anblick mich besonders rührt, z.B. Edelmut, Menschenliebe, Standhaftigkeit, Bescheidenheit, Genügsamkeit etc. zusammentragen können; aber, Lieber, ein Gemälde würde das immer nicht werden, ein Rätsel würde es Ihnen, wie mir, bleiben, dem immer das bedeutungsvolle Wort der Auflösung fehlt. Aber, es sei mit diesen wenigen Zügen genug, ich getraue mich, schon jetzt zu behaupten, daß wenn wir, bei der möglichst vollkommnen Ausbildung aller unser geistigen Kräfte, auch diese benannten Eigenschaften einst fest in unser Innerstes gründen, ich sage, wenn wir bei der Bildung unsers Urteils, bei der Erhöhung unseres Scharfsinns durch Erfahrungen und Studien aller Art, mit der Zeit die Grundsätze des Edelmuts, der Gerechtigkeit, der Menschenliebe, der Standhaftigkeit, der Bescheidenheit, der Duldung, der Mäßigkeit, der Genügsamkeit usw. unerschütterlich und unauslöschlich in unsern Herzen verflochten, unter diesen Umständen behaupte ich, daß wir nie unglücklich sein werden.

Ich nenne nämlich Glück nur die vollen und überschwenglichen Genüsse, die – um es mit einem Zuge Ihnen darzustellen – in dem erfreulichen Anschaun der moralischen Schönheit unseres eigenen Wesens liegen. Diese Genüsse, die Zufriedenheit unsrer selbst, das Bewußtsein guter Handlungen, das Gefühl unsrer durch alle Augenblicke unsers Lebens vielleicht gegen tausend Anfechtungen und Verführungen standhaft behaupteten Würde, sind fähig, unter allen äußern Umständen des Lebens, selbst unter den scheinbar traurigsten, ein sicheres tiefgefühltes und unzerstörbares Glück zu gründen.

Ich weiß es, Sie halten diese Art zu denken für ein künstliches aber wohl glückliches Hülfsmittel, sich die trüben Wolken des Schicksals hinweg zu philosophieren, und mitten unter Sturm und Donner sich Sonnenschein zu erträumen. Das ist nun freilich doppelt übel, daß Sie so schlecht von dieser himmlischen Kraft der Seele denken, einmal, weil Sie unendlich viel dadurch entbehren, und zweitens, weil es schwer, ja unmöglich ist, Sie besser davon denken zu machen. Aber ich wünsche zu Ihrem Glücke und hoffe, daß die Zeit und Ihr Herz Ihnen die Empfindung dessen, ganz so wahr und innig schenken möge, wie sie mich in dem Augenblick jener Äußerung belebte.

Die höchste nützlichste Wirkung, die Sie dieser Denkungsart, oder vielmehr (denn das ist sie eigentlich) Empfindungsweise, zuschreiben, ist, daß sie vielleicht dazu diene, den Menschen unter der Last niederdrückender Schicksale vor der Verzweiflung zu sichern; und Sie glauben, daß wenn auch wirklich Vernunft und Herz einen Menschen dahin bringen könnte, daß er selbst unter äußerlich unvorteilhaften Umständen sich glücklich fühlte, er doch immer in äußerlich vorteilhaften Verhältnissen glücklicher sein müßte.

Dagegen, mein Freund, kann ich nichts anführen, weil es ein vergeblicher mißverstandner Streit sein würde. Das Glück, wovon ich sprach, hängt von keinen äußeren Umständen ab, es begleitet den, der es besitzt, mit gleicher Stärke in alle Verhältnisse seines Lebens, und die Gelegenheit, es in Genüssen zu entwickeln, findet sich in Kerkern so gut, wie auf Thronen.

Ja, mein Freund, selbst in Ketten und Banden, in die Nacht des finstersten Kerkers gewiesen, – glauben und fühlen Sie nicht, daß es auch da überschwenglich entzückende Gefühle für den tugendhaften Weisen gibt? Ach es liegt in der Tugend eine geheime göttliche Kraft, die den Menschen über sein Schicksal erhebt, in ihren Tränen reifen höhere Freuden, in ihrem Kummer selbst liegt ein neues Glück. Sie ist der Sonne gleich, die nie so göttlich schön den Horizont mit Flammenröte malt, als wenn die Nächte des Ungewitters sie umlagern.

HEINRICH VON KLEIST

DER STELLVERTRETER EINES GALEERENSKLAVEN

Vincent de Paula, ein katholischer Geistlicher, der im 17. Jahrhundert in Frankreich lebte, war ein Mann, der ungeachtet er kein Vermögen besaß und kein öffentliches Amt bekleidete, seine höchste Glückseligkeit und Freude im Wohlthun und in Erweisung edler Menschenliebe suchte, und dem sein Vaterland mehrere Wohlthätigkeitsanstalten verdankt, die lange Zeit zur Erleichterung der leidenden Menschheit dienten, und zum Theil noch jetzt fortdauern. Er suchte die Unglücklichen mit eben dem Eifer auf, mit dem man sonst nur den Glücklichen entgegeneilt; that aber sein Gutes größtenteils im Stillen, nur Gott und den Unglücklichen selbst bekannt, denen er half, ohne Dank oder Ruhm von der Welt zu erwarten. Einst kam er auf einer der vielen Reisen, die er in dieser wohlthätigen Absicht machte, nach Marseille; sein erstes Geschäft daselbst war, die Strafgefangenen auf den Schiffen zu besuchen, wo sich dem Mitleiden und der Erbarmung ein weites Feld öffnete. Ein junger Mensch von 26 Jahren, der sich durch seine sanfte und rührende Gesichtsbildung von den übrigen Galeerensklaven gar sehr unterschied, fiel vor anderen dem Reisenden auf. – »Mein Freund, du weinest?« – So redete er ihn mit einem Tone an, der das Gepräge des innigsten Mitleidens hatte. – »Bist du einiger Hilfe bedürftig? Ich kann dir zwar leider nur wenig anbieten, aber dieß Wenige ist völlig dein.« – »Ach! mein Herr, ich flehe nicht um Geld;« – antwortete dieser, – »ich habe genug, um mein jammervolles Leben durchzubringen. O! nicht mein Unterhalt, der kostet ja so wenig; – liegt mir am Herzen!« – Hier strömten seine Thränen häufiger. – »Sollte es nicht möglich seyn, dich zu trösten, dein Elend zu erleichtern?« – »O, mein Herr, sie lindern es bereits durch Ihr Theilnahme an meinem Schicksale. Sie sind der Erste, der sich um meinen Jammer bekümmert; Gottes Lohn werde Ihnen dafür!« – »Mein Freund, vielleicht finde ich Mittel, deinen Kummer zu mildern!« – »Das Mitleid, welches Sie gegen mich äußern, verdient mein ganzes Zutrauen, hören Sie mich an, Sie sollen Alles wissen, mein Herr! Ich bin der Sohn eines Pächters aus H***, eines braven rechtschaffenen Mannes, der mir lauter gute Lehren und Beispiele gegeben hat. Aber liederliche Kameraden, die sich wenig um die Ehrlichkeit bekümmerten, verführten mich, so daß ich auf allerhand Abwege gerieth. Einst giengen wir auf die Jagd in dem Gebiete eines Herrn, der in unserer Nachbarschaft wohnt; und da die Leute dieses Herrn uns das verwehren wollten, mißhandelten wir sie so sehr, daß einer von ihnen dem Tode nahe war. Die Justiz bemächtigte sich meiner, man warf mich ins Gefängniß, und ich wurde nach dem Verhör zu sechsjähriger Galeerenarbeit verurtheilt. Vier Jahre schon erdulde ich diese entehrende Strafe. Ich bin auch an dem Unglück meiner Familie schuld; meinen armen Vater tödtete der Schmerz, als er diese Nachricht erhielt, und unser weniges Vermögen gieng über meinem Prozeß zu Grunde; aber was meine Verzweiflung auf's Höchste treibt, ist, daß ich in diesem Augenblick erfahre, daß mein Weib und meine drei Kinder vor Gram und Elend umkommen, weil meine Arme ihnen fehlen, ihnen Lebensunterhalt zu verschaffen. O! wie wollte ich arbeiten, wenn ich bei ihnen wäre! Nun müssen sie Hungers sterben!« – Sein Schluchzen erstickte seine Stimme. – »Du hast gefehlt,« – sagte ihm Vincent tief gerührt, – »aber du bist wahrlich unglücklich genug. Jetzt ist der Augenblick nicht da, dir deinen Fehler vorzuhalten; ich will glauben, daß du ihn bereuest. Laß uns also lieber von der gegenwärtigen Lage reden; sie durchschneidet mir das Herz. Hast du mir nicht gesagt, du müssest noch zwei Jahre lang deine Strafe aushalten?« – »Ja, mein Herr, noch zwei Jahre, noch zwei Jahrhunderte von Qualen; o, ich werde ihr Ende nicht erleben! Mein armes Weib! Meine armen Kinder! Was wird aus ihnen werden?« – »Sage mir,« – fragte ihn jetzt Vincent, – »wenn sich jemand anböte, in deine Stelle zu treten;

wenn er deine Ketten sich anschmieden lassen wollte, würde man dir die Freiheit schenken?« – »Auf der Stelle, mein Herr! aber wo ist auf der Erde der Mensch, der sich ohne Schuld einem solchen Elende und einer solchen Schande preisgeben wollte? .... Alle Schätze der Welt ... -« Der Reisende läßt ihn nicht ausreden – er eilt zu dem Offizier, dem die Aufsicht über die Galeerensklaven anvertraut ist, und spricht: »Mein Herr! lassen Sie diesen jungen Mann frei, lassen Sie ihm seine Ketten abnehmen und mir anlegen; hier sind meine Hände, meine Füße, ich will sie tragen, und die zwei Jahre lang seine Strafe für ihn aushalten.« – Der Offizier erstaunte, und machte ihm einige Einwendungen; aber der Geistliche antwortete: »Ich weiß Alles, mein Herr! Zwar muß ich mich in den Augen der Menschen beschimpfen lassen. Aber der im Himmel lebt, bestimmt die wahre Ehre. Sein Urtheil und mein gutes Gewissen werden für mich sprechen. Mein Entschluß ist gefaßt. Dieser junge Mann ist seinem Weibe und seinen Kindern nöthig, und zwei Jahre sind bald verflossen.« – Der Offizier bewilligte ihm seine Bitten. – Dem Geistlichen werden die Fesseln angelegt, und der junge Galeerensklave wird frei. Ganz außer sich vor Freude und Rührung, fällt dieser seinem Wohlthäter zu Füßen, küßt sie, und benetzt sie mit seinen Thränen. – »Nein, mein Herr, nein! So groß auch mein Verlangen ist, meiner Familie wieder geschenkt zu werden, so soll es dennoch auf diese

Bedingung nicht geschehen.« – Der Edle ließ ihm, ohne ihn anzuhören, die Ketten abnehmen, und legte sie sich selbst an. »Geh, mein Freund! ich werde glücklicher seyn als du; ich versichere dich: diese Ketten werden mir leicht scheinen.« – »Aber, mein Herr, was kann Sie dazu vermögen?« – »Menschenliebe und Religion. Noch einmal, eile, daß du wieder zu deinem Weibe und zu deinen Kindern kommst, um ihr Leben zu retten!« Dieser unnachahmliche Menschenfreund blieb die ganze Zeit über auf den Galeeren, verbarg sich, so viel er konnte, vor den Augen der Neugierigen, die ihn sehen wollten, brachte den Tag mit Erfüllung seiner mühseligen Verrichtungen zu, war ein Lehrer des Mitleids, der Selbstverläugnung, der Wohlthätigkeit, der Trost und die Stütze für die Galeerensklaven, und brachte deren viele zur Reue und zum Guten zurück.

So wie gute
Nahrung den
Körper verbessert,
so verbessern
gute Taten die Seele.

RABBI HA-LEVY

ICH WILL DIE ARMEN
RETTEN ODER STERBEN

Im September 1805 wüthete auf der Ostsee ein so fürchter-
licher Sturm, daß die ältesten Leute sich keines ähnlichen zu
erinnern wußten; es scheiterten daher viele Kauffahrtei-
schiffe und auch mehrere Transportschiffe, welche russische
Truppen nach Deutschland hatten führen sollen. Unter anderen strandeten in der Nacht vom 24. – 25. Sept. an der Küste
von Kurland mehrere Schiffe, welche theils von Riga kamen,
oder eben dahin segeln wollten; es schien fast unmöglich,
auch nur einen Menschen den empörten Elementen zu entreißen, und nur sehr wenige Menschen und Waaren wurden
gerettet. Der Oberamtmann Wagner und der Kanzleisekretär
Brittler machten treffliche Rettungsanstalten; aber weit mehr
that Fritz, der Küster von Kleinjoben, ein lettischer Leibeige-
ner. Zwei Schiffe waren bei seinem Dörfchen gestrandet, nur
das Hintertheil des einen ragte noch aus den Wellen hervor,
und auf dasselbe hatte sich die Mannschaft geflüchtet, so viel
man vor dem niederströmenden Regen, Schnee und Hagel
sehen konnte. Die Strandbauern und Fischer standen am
Ufer, und keiner wollte die Rettung der Unglücklichen in den

kleinen offenen Fischerböten wagen. Bitten, Verheißungen, Drohungen, alles war umsonst. Da trat Fritz hervor, der still und staunend dem schrecklichen Schauspiele zugesehen hatte, und rief: »Ich will die Armen retten, oder sterben!« – Er eilte zu den übrigen Bauern; sein Beispiel, seine Ueberredung wirkte, und fünf entschloßen sich, ihm zu folgen. Es gelang den Braven, durch ein zugeworfenes Seil am Schiffe anzulegen, und acht bis neun Personen, die in das Boot sprangen, glücklich an's Land zu bringen. Doch die Gefahr war zu groß; zu einer zweiten Fahrt wollte sich keiner der Strandbauern entschließen. Da band Fritz das am Schiffe bereits befestigte Seil auch am Lande fest, setzte sich allein in's Boot, und trieb sich, mit der einen Hand steuernd, mit der andern am Seil sich forthelfend, bis zum Schiffe hin. Sein Muth ward belohnt; er rettete alle, die auf dem Schiffe waren, 17 Personen.

Durch fortgesetzte Bemühungen wurden von jenen beiden Schiffen zusammen 55 Personen gerettet. 18 Schiffleute und 37 Kosaken.

BITTET FÜR DIE,
SO EUCH BELEIDIGEN

Der berühmte Berliner Arzt Stahl hatte das Unglück, mit seinem Collegen, dem Leibmedikus H., in Uneinigkeit zu leben. Er ertrug manche Kränkung von ihm, nützte aber nie die Gelegenheit zur Rache, die sich ihm bisweilen darbot, und wurde im Gegentheil der Wohlthäter seines Feindes. Der Leibmedikus H. hatte einen General in der Kur, den der König Friedrich Wilhelm ungemein liebte. Der Kranke starb, und man sagte laut am Hofe, der Arzt habe unverzeihliche Fehler in der Behandlung desselben begangen. Der König hörte das Gerücht endlich selbst, glaubte es um so williger, da sein Schmerz über den Verlust seines Lieblings heftig war, und untersagte augenblicklich dem Leibmedikus alle Praxis. Wenige Tage darauf wurde Stahl zur Königin gerufen. Kaum hatte sie ihm eine kurze Nachricht von ihrem Gesundheitszustand gegeben, so sagte sie: »Lieber Stahl, nehme Er mir eine Bitte nicht übel, die in der That ein wenig unschicklich ist. Ich habe den kleinen Hund hier außerordentlich lieb, das arme Thierchen ist sehr krank, und ich glaube, daß ihm könnte geholfen werden. Wollte Er nicht so gut seyn, und ihm etwas verschreiben?«

»Von Herzen gerne wollte ich es, wenn Eure Majestät nicht gesagt hätten, daß es ihr Liebling wäre.« Der König war im Zimmer, Stahls Antwort fiel ihm auf, und er fragte mit seiner gewöhnlichen Lebhaftigkeit: »Wie so, Stahl, warum das?«

»Ich weiß aus Erfahrung, Euer Majestät, wie unglücklich der Arzt seyn kann, wenn ohne seine Schuld ein Liebling stirbt.«

»Haha! Er zielt auf den H. – Sage er als ein ehrlicher Mann, hat H. nicht den General umgebracht?«

»Halten Euer Majestät zu Gnaden: H. Ist ein ebenso geschickter als gewissenhafter Arzt. Ich habe mich« –

»Die ganze Stadt sagt's doch allgemein!«

»Die Stadt spricht viel Euer Majestät. H. Kann seine Feinde haben. Ich habe mich genau erkundigt, wie er den General behandelt habe; ich würde ebenso verfahren seyn, der General wäre mir gewiß auch gestorben, und ich wäre ebenso gewiß überzeugt gewesen, daß mir Gewalt geschähe, wenn ich meine Praxis darüber verloren hätte.«

»Stahl, Er ist ein ehrlicher Mann, sage Er, ist das seine wahre Meinung?«

»Ja, Euer Majestät, das bezeuge ich vor Gott!«

»Nun, nun, es ist wohl möglich; was spricht denn immer das verdammte Volk! – Geb' Er sich zufrieden, H. soll seine Praxis wieder haben! – Seh' Er doch zu, ob Er dem Hündchen nicht helfen kann!«

DIE AUFGEGEBENE
CARNEVALSFREUDE

Um das Jahr 1760 herrschte in dem Dorfe Sauvigni (Sowinji) in Frankreich eine gefährliche ansteckende Seuche. Der damalige Herr des Dorfes, Marquis v. M., kam im Anfange des Februar mit seiner Familie dahin. Seine Gattin, eine Dame, welche Schönheit, Anmuth, Witz und Lebhaftigkeit in sich vereinigte, gedachte nur kurze Zeit auf dem Lande zuzubringen, und hatte schon Anstalten getroffen, um an den Belustigungen des Carnevals in der Hauptstadt Paris Antheil nehmen zu können. Als sie zu Sauvigni anlangte, bewog sie der Anblick des Elendes, das dort herrschte, ihre Plane aufzugeben. Ihr gefühlvolles Herz widmete sich ganz dem Dienst ihrer unglücklichen Unterthanen. Nicht nur wurde all' das zu den Festen und Schmäusen bestimmte Geld auf die Rettung der noch lebenden Bauern angewendet; nicht nur schrieb sie selbst an den Arzt Maret zu Dijon (Dischohn), daß er auf ihre Kosten alle zur Erleichterung der Noth dienenden Anstalten treffen solle; gab nicht nur alle Ihre Bedienten zur Wartung der Kranken her, sondern sie besuchte auch selbst mit ihrem

Gemahle die Krankenstuben, und verpflegte die gefährlichen Kranken, sorgte, dass in ihren Häusern Reinlichkeit hergestellt wurde, und mehr als zwanzig todtkrank gewesene Patienten verdankten, nächst Gott, ihrer angewandten Sorgfalt ihre Wiederherstellung.

VÄTERLICHER RAT FÜR MEINE TOCHTER

Der Mensch ist gut-artig von Natur; das heißt zuvörderst: alle seine ursprünglichen Anlagen, Fähigkeiten, Kräfte und Triebe sind in ihrer Quelle rein und mit keinem sittlichen Bösen vermischt; sie zwecken vielmehr alle, ohne Ausnahme, auf etwas recht Gutes, auf Beglückung des einzelnen Menschen und anderer mit ihm verbundener Wesen ab.

Der Mensch ist gut-artig von Natur; das heißt also auch zweitens: er will das Böse nie um des Bösen willen, sondern wenn er es will, so geschieht es, theils aus Unwissenheit und Kurzsichtigkeit, indem er das, was böse ist, für etwas Gutes ansieht, weil er die Folgen davon verkennt, theils aus Gedankenlosigkeit und Uebereilung, indem der Strom des Lebens ihn zu Handlungen fortreißt, bevor er Zeit hatte zu überlegen, ob das, was er thun wollte, gut oder böse wäre; theils aus Verwöhnung, indem er in den Jahren der Kindheit und der Jugend, also bevor er denken und überlegen konnte, gewisse Handlungsweisen annahm, die er nachher, wenn er ihre Schädlichkeit erkennt, wieder abzulegen, sich oft umsonst bemüht.

Der Mensch ist gut-artig von Natur; das heißt denn also auch drittens: er strebt nur nach Wohlsein und Vergnügen, und könnte er diese Absicht jedesmahl durch Beglückung Anderer erreichen, so würde man ihn bereit sehen, alles um sich her zu beseligen und niemand zu kränken. Daß er das Letzte dennoch häufig thut, daß er sein eigenes Vergnügen oft auf Anderer Mißvergnügen, seine eigene Glückseligkeit oft auf die Trümmer des Wohlseins anderer Wesen zu gründen nicht erröthet, das kommt nicht daher, weil das Kränken, Quälen und Martern ihm Vergnügen macht, sondern lediglich daher, weil er seinen Zweck – den zu genießen – nicht anders erreichen zu können glaubt; also daher, weil er oft kurzsichtig und dumm genug ist, um nicht einzusehn, daß sein eigenes besonderes Wohl mit der allgemeinen Glückseligkeit durch unzerreißbare Bande zusammenhängt, und daß Jeder in eben dem Maße für sein eigenes wahres und dauerhaftes Vergnügen sorgt, in welchem er das Vergnügen und das Wohlsein Anderer zu befördern sucht. Diese große, dem beobachtenden Weisen so handgreifliche Wahrheit – der Grundstein seiner Ueberzeugung von dem Dasein eines liebevollen Gottes – liegt für den blöden Seelenblick des Alltagsmenschen zu hoch; er vermag es nicht, sich ihrer zu bemächtigen, und sie kann also auch nicht zur Richtschnur seiner Handlungen werden. Er wird daher selbsüchtig, neidisch, ungerecht und boshaft, weil er zu blödsichtig ist, um einzusehn, daß er aus Selbstliebe wohlwollend, mild, gerecht und wohlthätig sein müßte.

Woher ich aber wisse, fragst du mich, daß der Mensch ursprünglich so, wie ich eben sagte, nicht aber so geartet sei, wie schlechte Menschenerzieher, zur Beschönigung ihres Unvermögens oder ihrer Trägheit, ihn uns zu schildern pflegen? Aus mehr als einem Grunde. Zuvörderst aus vielfältigen Beobachtungen über die unverderbte Menschheit in solchen Kindern, an denen man die reine Natur noch nicht durch mißverstandene Kunst verwischt oder durch unvernünftige Behandlungsarten noch nicht verunstaltet hatte; dann aus der Auflösung aller menschlichen Thorheiten und Laster in ihren einfachen Urstoff, welcher bei genauer Prüfung immer gut befunden wird; endlich aus dem Glauben an einen eben so mächtigen, als weisen und gütigen Urheber unsers Daseins, welcher die eine oder die andere von diesen göttlichen Eigenschaften erst hätte ablegen oder verläugnen müssen, wenn er den zur Sittlichkeit bestimmten Menschen mit sittlich bösen Eigenschaften hätte begaben oder nur zugeben wollen, daß er bei seiner Entstehung, von irgend einem andern Wesen damit begabt würde.

Denke aber nicht, mein Kind, daß die Begriffe, die wir uns von der ursprünglichen Natur des Menschen machen, zu den gleichgültigen Vorstellungsarten gehören, die man, ohne dabei zu gewinnen oder zu verlieren, haben oder nicht haben, sich so oder anders bilden kann. Es ist vielmehr für uns selbst und für die ganze menschliche Gesellschaft ungemein wichtig, daß wir die Reinheit und Güte der menschlichen Natur, so wie sie aus der Hand des Schöpfers kommt, nicht verkennen, sondern uns fest davon zu überzeugen suchen. Für uns selbst; denn woher nähmen wir, ohne diese Ueberzeugung, Trieb, Kraft und Muth zu unserer eigenen sittlichen Vervollkommnung? Woher den Glauben an die Menschheit, der uns, bei unserm Umgange mit Menschen, zu unserer eigenen Ruhe und zu jeder tugendlichen Wirksamkeit auf Andere so ganz unentbehrlich ist? Für die menschliche Gesellschaft; denn wer, wenn er glaubte, daß der Urstoff des Menschen böse sei, würde noch Lust oder Beruf in sich verspüren, an der Ausbesserung und Veredelung dieses Geschlechts zu arbeiten? Wer würde Thor genug sein, um sich einfallen zu lassen, den Bösegebornen seiner verderbten Natur, ja – ich erschrecke vor dem ungeheuren Gedanken, indem ich ihn niederschreiben will – dem Schöpfer selbst zum Trotze wieder gut machen zu wollen? Und wer würde ein Geschöpf, das schon im Werden böse war, mithin unwiderbringlich böse bleiben müßte, noch seiner Liebe, seiner Dienste, seiner Aufopferungen würdig finden können?

Also fort mit jenen scheußlichen Gestalten, unter denen eine durch oberflächliche Beobachtungen und morgenländisch-jüdische Vorstellungsarten mißgeleitete Einbildungskraft sich die angeborne Natur der Menschen zu denken pflegt! Die Natur ist gut, weil sie das Werk eines guten und weisen Schöpfers ist; und sie kann daher, wenn sie durch einen nachtheiligen Einfluß außerwesentlicher Umstände mißgebildet und verschlimmert ward: zu ihrer ursprünglichen Reinheit und Güte noch immer wieder zurückgebracht werden. Dieser Satz müsse denn, wie gesagt, die Grundlage des Gebäudes von Menschenkenntniß werden, welches du dir errichten willst, und zu dessen Aufführung ich nun fortfahren will, dir die ersten nothdürftigen Erfodernisse an die Hand zu geben.

JOHANN HEINRICH CAMPE

*iteinander
sprechen heißt
miteinander
lieben.*

DAS BUCH VON DER STADT DER FRAUEN

I. KAPITEL

Als ich eines Tages meiner Gewohnheit gemäß, umgeben von zahlreichen Büchern aus verschiedenen Sachgebieten in meiner Klause saß und mich dem Studium der Schriften widmete, war mein Verstand es zu jener Stunde einigermaßen leid, die bedeutenden Lehrsätze verschiedener Autoren, mit denen ich mich seit längerem auseinandersetzte, zu durchdenken. Ich blickte also von meinem Buch auf und beschloss, mich stattdessen bei der Lektüre heiterer Dichtung zu zerstreuen. Auf der Suche nach irgendeinem Bändchen fiel mir ganz unerwartet ein merkwürdiges Buch in die Hand. Ich öffnete es, entnahm dem Titelblatt, dass es sich Matheolus nannte und lächelte, denn bislang hatte ich es zwar noch nie einsehen können, aber schon oft gehört, es verbreite, im Gegensatz zu anderen Büchern, Gutes über die Frauen.

Ich fing also an, darin zu lesen und kam auch ein Stück voran. Da mir aber sein Inhalt für all jene, die an Verleumdung wenig Gefallen finden, nicht sonderlich erheiternd schien und es außerdem anstößige Ausdrücke und Themen enthielt, blätterte ich nur ein wenig darin herum und legte es, nach einem Blick auf den Schluss, beiseite, um mich anspruchsvolleren und nützlicheren Studien zuzuwenden. Aber so unbedeutend dieses Buch im Grunde auch war, es lenkte meine Gedanken doch in eine neue Richtung: In meinem Inneren war ich verstört und fragte mich, welches der Grund, die Ursache dafür sein könnte, dass so viele und so verschiedene Männer, ganz gleich welchen Bildungsgrades, dazu neigten und immer noch neigen, in ihren Reden, Traktaten und Schriften derartig viele teuflische Scheußlichkeiten über Frauen und deren Lebensumstände zu verbreiten. Und zwar nicht nur jener Matheolus, der in literarischer Hinsicht völlig unbedeutend ist und Lügengewäsch verbreitet, nein: allerorts, in allen möglichen Abhandlungen scheinen Philosophen, Dichter, alle Redner (ihre Auflistung würde zu viel Raum beanspruchen) wie aus einem einzigen Munde zu sprechen und alle zu dem gleichen Ergebnis zu kommen, dass nämlich Frauen in ihrem Verhalten und ihrer Lebensweise zu allen möglichen Formen des Lasters neigen.

Aber obwohl ich äußerst gründlich beobachtete und prüfte, fand ich keinerlei Anhaltspunkte für solche abschätzigen Urteile über meine Geschlechtsgenossinnen und die weiblichen Stände. Dennoch bezog ich Position gegen die Frauen und meinte, es sei völlig unvorstellbar, dass so bedeutende Männer – berühmte Gelehrte von beträchtlichem intellektuellen Format, scharfsinnig in jeder Hinsicht, wie jene es zu sein schienen – dass diese Männer Lügen über die Frauen verbreitet hätten; und dies an so vielen Stellen, dass ich kaum einmal einen Band moralischen Schrifttums fand (ganz gleich, aus welcher Feder), ohne bereits nach kürzester Zeit auf frauenfeindliche Kapitel oder Aussprüche zu stoßen! Schon daraus schloss ich, dies müsse stimmen – auch wenn ich selbst in meiner Einfalt und Unwissenheit unfähig war, meine eigenen schlimmen Schwächen und die der anderen Frauen zu erkennen. Und so verließ ich mich mehr auf fremde Urteile als auf mein eigenes Gefühl und Wissen. In diesen Gedanken steigerte ich mich dermaßen hinein, dass ich in einem Zustand der Lethargie verharrte.

Zu guter Letzt kam ich sogar zu dem Schluss, Gott habe mit der Frau ein niederträchtiges Wesen erschaffen. Allerdings konnte ich es mir nicht erklären, wie der so überaus würdige Schöpfer sich zu einem solch abscheulichen Werk hatte herablassen können: zur Erschaffung eines Gefäßes, einer Brutstätte und eines Hortes aller Schlechtigkeiten und Laster, wie jene Männer behaupten. In solchen Gedanken befangen, erfüllten mich gewaltiger Überdruss und große Verzagtheit, denn ich verachtete mich selbst und mit mir das gesamte weibliche Geschlecht, als wäre es ein Irrtum der Natur.

Während ich mich mit so traurigen Gedanken herumquälte, sah ich plötzlich einen Lichtstrahl und erblickte drei gekrönte Frauen von sehr edlem Aussehen. Da redete die erste mich lächelnd folgendermaßen an:

»Wie geht das, schöne Tochter? Wo hast du all deinen Scharfsinn gelassen? Es hat den Anschein, dass für dich jede Äußerung eines Philosophen den Status eines Glaubensgrundsatzes hat und du es für ausgeschlossen hältst, dass auch sie irren könnten. Was die Dichter angeht, von denen du sprichst: Weißt du denn nicht, dass sie schon oft nichts anderes als Ammenmärchen verbreitet haben? Je stärker die Frauen den Männern an Körperkraft unterlegen, je schwächer und weniger geschickt sie zu gewissen Dingen sind, desto größere Klugheit und desto mehr Scharfsinn entfalten sie überall dort, wo sie sich wirklich ins Zeug legen. Weißt du denn, weshalb Frauen weniger wissen?«

»Nein, edle Frau – sagt es mir bitte!«

»Ganz offensichtlich ist es darauf zurückzuführen, dass Frauen sich nicht mit so vielen verschiedenen Dingen beschäftigen können, sondern sich in ihren Häusern aufhalten und sich damit begnügen, ihren Haushalt zu versehen. Nichts aber schult vernunftbegabte Wesen so sehr wie die Praxis, die konkrete Erfahrung auf zahlreichen und verschiedenartigen Gebieten.« »Edle Herrin, wenn sie also über einen aufnähme- und lernfähigen Verstand verfügen: Weshalb lernen sie dann nicht mehr?« »Tochter, das hängt mit der Struktur der Gesellschaft zusammen, die es nicht erfordert, dass Frauen sich um das kümmern, was den Männern aufgetragen wurde. Und so schließt man vom bloßen Augenschein, von der Beobachtung darauf, Frauen wüssten generell weniger als Männer und verfügten über eine geringere Intelligenz. Und dennoch kann es nicht den geringsten Zweifel geben: Die Natur hat sie mit ebensovielen körperlichen und geistigen Gaben ausgestattet, wie die weisesten und erfahrensten Männer. Dies alles ist jedoch mit mangelnder Bildung zu erklären. Es verhält sich doch so, dass die Männer über die Frauen und keineswegs die Frauen über die Männer Herrschaft ausüben; überdies würden die Männer den Frauen niemals Macht über sich selbst zugestehen.«

CHRISTINE DE PIZAN

DIE SEELE

Die Seele ist wie ein Wind,
der über die Kräuter weht,
wie der Tau,
der über die Wiesen träufelt,
wie die Regenluft,
die wachsen macht.

Desgleichen ströme der Mensch
Wohlwollen aus auf alle,
die da Sehnsucht tragen.

Ein Wind sei er,
der den Elenden hilft,
ein Tau,
der die Verlassenen tröstet.

Er sei wie die Regenluft,
die die Ermatteten aufrichtet
und sie mit Liebe erfüllt
wie Hungernde.

HILDEGARD VON BINGEN

DER VERSIEGELTE BEUTEL

In der kleinen russischen Kreisstadt Oranienbaum lebte eine aus dem holsteinischen gebürtige Frau von 90 Jahren. Ein kleines Häuschen war ihr ganzes Eigenthum, und von der Einkehr solcher Schiffsleute, die auf dem festen Lande günstigen Wind abwarteten, hing ihr ganzer Erwerb ab. Einstmals, da mehrere holländische Schiffer bei ihr zu Abend gegessen hatten, findet sie beim Aufräumen einen versiegelten Beutel mit Geld unter dem Tische. Ihre Bestürzung über diesen unerwarteten Fund war begreiflich sehr groß; und sie kam gleich auf den Gedanken, daß einer aus der soeben abgereisten Gesellschaft den Beutel vergessen haben müßte. Da aber die Schiffer bereits bei günstigem Winde in die See gestochen hatten, so war an eine baldige Rückkehr der Gäste nicht zu denken. Die gute Frau legt den Beutel in ihren Schrank, mit dem festen Vorsatze, ihn so lange ruhen zu lassen, bis sich sein Besitzer melden würde. Doch dieser meldete sich nicht. Sieben Jahre hindurch bewahrte sie auf's Sorgfältigste dieses fremde Gut, ohne sich bei oftmaligen Versuchungen, oder vom Mangel gedrückt, verleiten zu lassen, dieses Geld anzugreifen. Ihre Ehrlichkeit siegte über jeden Reiz der Versuchung.

Nach Verfluß von sieben Jahren bewirthete sie abermals einige Schiffer. Unter andern Gesprächen fragten jene diesen, ob er schon einmal in Oranienbaum gewesen sey? »Was sollt' ich nicht!« – ist die Antwort. – »Ich kenne das garstige Nest nur zu gut, es hat mich siebenhundert Rubel gekostet.« – »Wie das?« – »Ja ich habe in der Trunkenheit einmal in einer hiesigen Schenke einen Beutel mit Silbermünze liegen lassen!« – »War der Beutel versiegelt?« – fragte die Wirthin, die in einer Ecke der Stube saß, und durch diese Erzählung aufmerksam gemacht wurde. – »Ja wohl! da trage ich da Pettschaft noch bei mir, womit er versiegelt war!« – Die Frau erkannte das nämliche Siegel. – »Nun,« – sagte sie – »so kann sich wohl noch einmal wiederfinden, was Er verloren hat.« – »Ja, wiederfinden, Mutter! da müßt ich nicht so alt geworden seyn, wenn ich das hoffen könnte. Nein, so ehrlich ist die Welt nicht mehr! Bedenkt einmal, sieben Jahre sind vorbei! – Wollt' ich doch, daß der Beutel, weiß nicht wo wäre; dieser Vorfall hat mir ganz meinen Humor verdorben. Noch ein Glas Punsch, Mutter!« Während die vier Schiffer beschäftigt waren das Andenken an diesen verdrießlichen Vorfall im Punsch zu ertränken, hatte sich das Mütterchen hinausgeschlichen, und kam jetzt mit ihrem Beutel mühsam herbeigelaufen. – »Sieht Er, daß die Ehrlichkeit nicht so rar ist, als Er glaubt,« – sagte sie, und setzte den Beutel auf den Tisch.

DER WIDERSACHER ALS RECHTSANWALT

Auf einem Dorfe des Kantons Schwytz kam einst an einem Abend der Bauer Velten zum Bauer Kaspar, welcher auf seinem Felde arbeitete, und fragte: »Nachbar, jetzt ist die Heuernte, und du weißt, daß wir einen Streit wegen einer Wiese haben. Ich habe die Richter zusammenrufen lassen, weil wir Beide nicht genug gelehrt sind, um zu wissen, wer von uns beiden Recht hat. Komm also morgen mit mir vor Gericht!« – »Du siehst, Nachbar« – antwortete Kaspar – »daß ich die Wiese gemähet habe, und morgen muß ich, weil jetzt gutes Wetter ist, das Heu in Haufen bringen, ich kann also unmöglich mitgehen.« – »Und ich kann die Richter nicht wieder gehen lassen, da sie diesen Tag gewählt haben,« – erwiderte dieser – »auch kann das Heu nicht eher abgeholt werden, bis wir wissen, wem die Wiese gehört.« – Nach einigem Besinnen sagte Kaspar: »weißt du, wie wir es machen wollen? Gehe morgen nach Schwytz, und sage den Richtern deine und meine Gründe, so brauche ich ja nicht dabei zu seyn!« – »Wenn du das Zutrauen zu mir hast, so kannst du dich darauf verlassen, daß ich für dein Recht reden will, wie für mein eigenes.« –

Nach dieser Abrede ging Velten den folgenden Tag nach Schwytz, und trug seine und Kaspars Gründe vor, so gut er konnte. Am Abend kam er wieder zu Kaspar, und sagte: »die Wiese ist dein, die Richter haben sie dir zugesprochen, ich wünsche dir Glück, und bin froh, daß wir nun auf's Reine gekommen sind.«

ERKENNTNIS

Seitdem es mir schlecht geht, so hundsgemein schlecht, so recht von Herzen schlecht, seitdem bin ich erst ein Mensch geworden. Je ärmer ich an Geld werde, desto reicher werde ich an Erkenntnissen. Ich wette: wenn ich erst ganz auf dem Pflaster liege, werden meine Augen so klar sein, so klar, die Menschen wie aus Glas, und ich werde durch sie hindurch sehen.

Wie liebenswürdig waren alle, als es mir gut ging, so recht von Herzen liebenswürdig: sie kamen zu mir, besuchten mich, waren unterhaltsam und fröhlich — sie liebten mich so sehr, daß der Neid, der in ihrem Herzen saß, nur ganz verschämt den Kopf hob. Sie nahmen so gern die Vorteile, die ich ihnen bot; sie bewunderten meine Umsicht, meine Tüchtigkeit und Güte.

Aber da kam das Unglück. Ich verlor Haus und Hof und Geld, ich wurde arm an irdischen Gütern — aber da, grade da setzte mein Reichtum ein. Tag für Tag erwuchs eine Wahrheit, meine blinden Augen öffneten sich.

Zuerst wußte ich noch nicht, weshalb ich mich in kurzem so verändert haben sollte. Mein Gesicht war nicht mehr schön, meine Tüchtigkeit gering, man gab nicht mehr viel auf mein Urteil. Ich hatte wohl eine ansteckende Krankheit, daß Jeder vermied, mit mir zusammen zu sein. Einen Aussatz, den ich selbst nicht bemerkte. Es bildete sich gewiß eine gefahrdrohende Schicht um mich, die die Leute fernhielt.

Traf ich sie auf der Straße, so ging ich auf sie zu und sprach mit ihnen vertraulich wie in alten Zeiten. Sprach von mir, von meinem Unglück, ließ durchscheinen, daß ich in Not sei, und wartete so ein weniges, daß der Andre seinen Mund auftat. Aber er war einsilbig, hatte keine Lust, zu reden. Seine Augen bekamen einen zerstreuten Blick; er klopfte ein wenig mit dem Fuß, trällerte, kurzum: schien zerstreut.

Eine liebe Verwandte, die früher oft unser Gast gewesen und mir sehr zugeneigt war, gab gerne weise Lehren. Sie war berühmt dafür. Sie geizte nicht mit ihnen. Auch mir gegenüber nicht. Sie kosteten nichts. Sie lud mich zu einer Theatervorstellung ein oder ins Cafe. Einmal bemerkte ich, wie in ihre Augen ein Glitzern kam, als sie ihre Weisheit zum besten gab. Sie freute sich. Ja, sie freute sich sichtlich, daß ich ihr durch mein Unglück Gelegenheit gab, ihre Klugheit zu zeigen. Sie war von Herzen fröhlich darüber. Ihre eigne Lage schuf ihr Befriedigung, wenn sie sie mit der meinen so viel schlechteren verglich. Ihr Butterbrot schmeckte ihr besser, da sie wußte, daß neben ihr Jemand saß, der keines hatte; es

bekam Seltenheitswert. Ich fing an ein bißchen herumzuge-
hen und auf den Busch zu klopfen. Nur zum Vergnügen. Aus
Freude an Menschenkennnis. Ich wollte hören, ob mir Einer
etwas geben würde, ganz nackt: geben. Nebenbei, ich hätte
nichts genommen. Ich gehöre zu den Leuten, die nicht nehmen können, um keinen Preis — lieber aus eignem Ermessen
verschwinden. Aber es machte Spaß. Es war eine Gemeinheit
von mir, die Leute auf die Probe zu stellen, nur um meine
Erkenntnis zu entwickeln. Aber ich tat es.

Ich ging gradezu und bat um Geld. Ja, da stand ich — und
da stand der Andre und schämte sich und war wütend, daß er
sich schämte und haßte mich deswegen. Und weil ich ihn
veranlaßte, sich zu entblößen, wurde er grob und gemein,
oder er wurde falsch, heuchelte und vergoß Krokodilstränen,
und das plagte ihn noch ärger. Ich aber, ich Gauner, stand da
und nahm zu an Menschenkenntnis. Und bat um Entschuldi-
gung, ging hinaus, gebläht von Reichtum.

Einen Freund habe ich, den liebe ich sehr. Ich stelle ihn
nicht auf die Probe. Ich bitte ihn um nichts, und er gibt mir
nichts. Aber er hört zu, wenn ich klage und zeigt keine Un-
geduld. Er ist sehr gut zu mir. Ich glaube, es ist ihm schmerzlich, zu sehen, wie ich herunter komme, meine Stiefel nicht
mehr besohlen lasse, meine Kleider nicht mehr erneuere. Aber
er tut, als sähe er nichts, und schont meine Gefühle. Er ist so

zartfühlend. Wir gehen oft miteinander spazieren und philosophieren. Ihm gegenüber erwähne ich nie das Wort: Geld. Es liegt mir viel an seiner Freundschaft.

Wenn es mir noch einmal gut gehen sollte, werde ich meine früheren Bekannten und Freunde einladen. Ich werde in ihrer Mitte sitzen und werde sie ansehen. Und ich werde mich freuen über sie. Sie aber werden vergessen haben, daß ich sie ärgerte. Sie werden mich wieder lieb haben und schätzen, und unser gegenseitiges Zutrauen wird groß und ungetrübt sein.

MARGARETE LIEBMANN

HÖFLICHKEIT
UND WAHRER EDELMUT

Schon ein freundlicher Blick kann Vergnügen und Freude bereiten. So erzählt Robertson von Brighton in einem seiner Briefe, eine Dame habe ihm »von dem Entzücken, den Thränen der Dankbarkeit« berichtet, die sie an einem armen Mädchen wahrgenommen, welchem er an einem Sonntage beim Verlassen der Kirche einen freundlichen Blick zugeworfen. »Was für eine Lehre!« fährt er fort, »mit wie leichter Mühe kann man jemand glücklich machen! Wie viele Gelegenheiten zu engelhaften Thaten lassen wir unbenutzt verstreichen! Ich erinnere mich, daß ich jenes Mädchen ansah, als ich – mit trüben Gedanken beschäftigt – an ihr vorüberging, ohne nachher weiter an sie zu denken. Und dennoch verlieh ich damit einem Menschenleben eine Stunde des Sonnenscheins und erleichterte einem Menschenherzen für eine Weile die Last des Daseins!« (Robertsons »Leben und Briefe.«)

Die Sitten und Manieren, welche dem Leben seine Färbung geben, sind viel wichtiger als die Gesetze, die nur aus jenen hervorwachsen. Das Gesetz berührt uns hier und da; aber den Manieren begegnen wir überall, sie durchdringen die Gesellschaft gleich der Luft, die wir einatmen. Gute Manieren – wie wir uns auszudrücken belieben – sind nichts mehr und nichts weniger als ein gutes Benehmen. Sie bestehen hauptsächlich in Höflichkeit und Güte: denn in jedem menschlichen Verkehr, der nach allen Seiten wohlthuend und erfreulich wirken soll, muß gegenseitiges Wohlwollen das vorliegendste Element sein. »Die Höflichkeit,« sagt Lady Montague, »kostet nichts: aber man kann alles damit kaufen.« Der billigste Artikel ist die Freundlichkeit, deren Bewährung das geringste Maß der Mühe und Selbstverleugnung erfordert. »Gewinnt Euch die Herzen,« riet Burleigh der Königin Elisabeth, »und Ihr werdet nicht nur über die Herzen der Menschen, sondern auch über ihre Börsen verfügen!« Wenn wir uns nur mit natürlicher Freundlichkeit, ohne Verstellung und Ziererei benehmen möchten, so würde dadurch die gesellige Heiterkeit und der gesellige Frohsinn ungemein gefordert werden. Die kleinen Höflichkeiten, welche die Scheidemünze des Verkehrs bilden, erscheinen uns – einzeln betrachtet – von geringem Wert: sie erhalten aber eine Bedeutung durch ihre Wiederholung und Häufung. Sie gleichen dem täglichen Grot (kleine Silbermünze) oder den ersparten Augenblicken, welche anerkanntermaßen im Laufe eines Jahres oder eines Lebens so wichtige Resultate erzielen können.

Die Manieren sind die Zierde der Handlungen. Es giebt eine Art, freundliche Worte zu sprechen oder freundliche Thaten zu verrichten, durch welche der Wert der einen wie der anderen bedeutend erhöht wird.

Eine andere Art echter Höflichkeit beweisen wir dadurch, daß wir die Meinungen der anderen achten. Man hat von der Rechthaberei gesagt, daß sie nur die ausgebildetste Form der Flegelhaftigkeit sei; und die schlimmste Gestalt, die jene Eigenschaft annehmen kann, ist sicherlich die des starren Vorurteils und der Arroganz. Mögen die Menschen doch eingestehen, daß sie verschiedener Meinung sind, und sich dann gegenseitig ertragen und dulden! Man kann sehr wohl an seinen Grundsätzen und Ansichten festhalten, ohne deshalb mit anderen handgemein zu werden oder in einen heftigen Wortstreit zu geraten; und es giebt Umstände, unter denen ein Wort die Wirkung eines Dolchstiches hat und schwerer heilende Wunden schlägt als solch ein Mordinstrument. In Bezug hierauf wollen wir ein lehrreiches, kleines Gleichnis anführen, welches vor einiger Zeit von einem Wanderprediger des »evangelischen Bundes« im Grenzland von Wales seinen. Hörern erzählt wurde. »Als ich an einem nebligen Morgen aufs Gebirge stieg,« sagte er, »erblickte ich auf einem Bergabhänge ein seltsames Wesen, das mir – aus der Ferne betrachtet –

wie ein Ungeheuer erschien. Als ich näher kam, bemerkte ich, daß es ein Mensch war; und als ich es erreicht hatte, erkannte ich in ihm meinen Bruder.«

Die natürliche Höflichkeit, welche aus einem warmen, freundlichen Herzen kommt, ist nicht das ausschließliche Eigentum eines bestimmten Ranges oder einer besonderen Stellung. Der Tischler an seiner Hobelbank kann sie ebensogut besitzen als ein Geistlicher oder ein Mitglied des Oberhauses. Rohheit oder Grobheit ist durchaus nicht ein notwendiges Attribut des arbeitenden Standes. Die Höflichkeit und Bildung, welche in vielen Ländern des Kontinents allen Klassen der Bevölkerung eigen ist, beweist, daß auch die Gesamtheit der Engländer sich jene Eigenschaften erwerben könnte – was ohne Zweifel auch eines Tages infolge der erhöhten Kultur und des allgemeiner werdenden geselligen Verkehrs geschehen wird – ohne daß uns dadurch eine unserer echt menschlichen Tugenden verloren ginge. Keinem Rang und keiner Lebensstellung – ob hoch oder niedrig, reich oder arm – versagt die Natur ihre edelste Gabe: die Hochherzigkeit. Es hat noch nie einen wahrhaft anständigen Menschen gegeben, der nicht hochherzig gewesen wäre. Und diese Tugend kann sich ebensogut in den groben Kittel des Bauern als in den zobelverbrämten Rock des Edelmanns hüllen. Robert Burns wurde einmal von einem jungen, etwas hitzigen Edinburger, mit welchem er spazieren ging, gescholten, weil er einen schlichten Pächter auf offener Straße begrüßt hatte. »Aber du lächerlicher Mensch!« rief Burns, »ich sprach ja nicht mit dem Flauschrock, der Kegelmütze und den Kniehosen, sondern mit dem Mann, der darin steckte; und der, mein Bester, ist so viel wert als ich und du – und noch zehn andere von unserer Sorte obendrein.« Die Schlichtheit der äußeren Erscheinung mag denjenigen gemein erscheinen, welche das darunter verborgene gute Herz nicht zu erkennen vermögen; aber dem Redlichen werden die Merkmale des echten Charakters bald offenbar werden.

Der wahrhaft vornehme Mensch vermeidet sorgfältig jede gemeine Handlung. Er hat von der Redlichkeit in Wort und That die höchste Auffassung. Er braucht keine Schliche und Winkelzüge, keine Vorwände und Ausflüchte, sondern ist ehrlich, aufrichtig und offenherzig. Sein Gesetz ist die Rechtschaffenheit – das Handeln nach ehrenhaften Grundsätzen. Wenn er »Ja« sagt, so darf man sich fest auf dies Wort verlassen: aber er hat auch den Mut, zur rechten Zeit ein tapferes »Nein« zu sagen. Ein edler Mann läßt sich nicht bestechen: nur Menschen von niedriger Gesinnung und fadenscheinigen Grundsätzen verlassen sich an diejenigen, die ein Interesse daran haben, sich auf solche Art ihres Beistandes zu versichern. Als der redliche John Hanway als Kommissär des Proviantamts fungierte, lehnte er jedes Geschenk von Seiten eines Lieferanten ab, um sich nicht in der Ausübung seiner Amtspflichten beeinflussen zu lassen.

Reichtum und Rang sind nicht notwendige Attribute des echten Adels. Auch ein armer Mann kann seinem Geist und Leben nach ein wahrer Edelmann sein. Er kann ehrlich, wahrheitsliebend, aufrichtig, höflich, mäßig und mutig sein – kann Selbstachtung und Selbsthilfe beweisen – kann, mit einem Wort, ein Mann von echtem Adel sein. Der arme Mann, welcher einen reichen Geist besitzt, ist dem reichen, aber geistlosen Manne in jeder Beziehung überlegen. Der erstere gehört – um mit Paulus zu reden – zu denen, »die nichts haben und doch alles haben;« während der andere, der alles besitzt, doch in Wahrheit nichts sein eigen nennt. Der erstere hofft alles und fürchtet nichts; der letztere hofft nichts und fürchtet alles. Nur der Geistesarme ist wirklich arm. Wer alles verloren, aber seinen Mut, seine Heiterkeit, seine Hoffnung, Tugend und Selbstachtung bewahrt hat, ist immer noch reich. Solch ein Mann hat gewissermaßen Kredit bei der Welt. Dasein Geist seine materiellen Sorgen beherrscht, darf er sein Haupt hoch tragen – als ein Mann von echtem Adel.

Es giebt viele Merkmale, an denen sich die vornehme Gesinnung eines Mannes erkennen läßt; aber eins ist das sicherste: die Art, in der er sich gegen seine Untergebenen oder gegen schwache Frauen und Kinder benimmt. Wir müssen darauf achten, wie der Offizier seine Leute, der Herr seine Diener, der Lehrer seine Schüler – kurz, wie der Mensch in jeder Stellung diejenigen behandelt, welche ihm untergeordnet sind. Die Rücksicht. Geduld und Güte, mit welcher die Macht in solchen Fällen gebraucht wird, ist die Feuerprobe des vornehmen Charakters. Als La Motte eines Tages durch eine dichtgedrängte Menge ging, trat er zufällig einem jungen Burschen auf den Fuß, worauf dieser ihm sogleich einen Schlag, ins Gesicht versetzte. »Ach, mein Herr!« rief La Motte; »ich bin gewiß, Ihre Thai würde Ihnen leid sein, wenn sie wüßten, daß ich blind bin.« Wer diejenigen mißhandelt, die nicht fähig sind, ihm Widerstand zu leisten, ist ein Flegel, aber nicht ein vornehmer Mann. Wer die Schwachen und Hilflosen unterdrückt, ist überhaupt kein echter Mann, sondern eine Memme. Wie jemand sehr richtig bemerkt hat, ist der Tyrann nur ein mit äußerlicher Macht bekleideter Sklave, während der echte Mann durch das Bewußtsein seiner Kraft innerlich veredelt wird und im Gebrauch derselben sehr vorsichtig ist: denn

»Ein Vorzug stolzer Art
Ist eines Riesen Kraft; doch der ist ein Tyrann,
Der sich der Kraft bedient.«

Die Sanftmut ist eins der sichersten Kennzeichen des vornehmen Mannes. Ein solcher nimmt unter allen Umständen Rücksicht auf die Gefühle seiner Mitmenschen – seiner Untergebenen wie auch derer, die ihm gleichgestellt sind – und er hütet sich, ihr Selbstgefühl zu verwunden. Er erträgt lieber selbst eine kleine Kränkung, als daß er der Handlungsweise eines anderen eine übelwollende Deutung giebt und so in Gefahr kommt, eine große Ungerechtigkeit zu begehen. Er ist nachsichtig gegen die Schwächen, Fehler und Irrtümer derer, denen das Leben nicht so leicht gemacht wurde wie ihm. Er ist selbst gegen seine Haustiere barmherzig. Er rühmt sich weder seines Reichtums, noch seiner Macht oder seiner Talente. Er wird durch den Erfolg nicht aufgeblasen, durch das Mißgeschick nicht entmutigt. Er drängt seine Ansichten niemand auf, sagt aber seine Meinung bei passender Gelegenheit gerade heraus. Er erteilt seine Gunstbezeugungen nicht mit gönnerhafter Miene.

SAMUEL SMILES

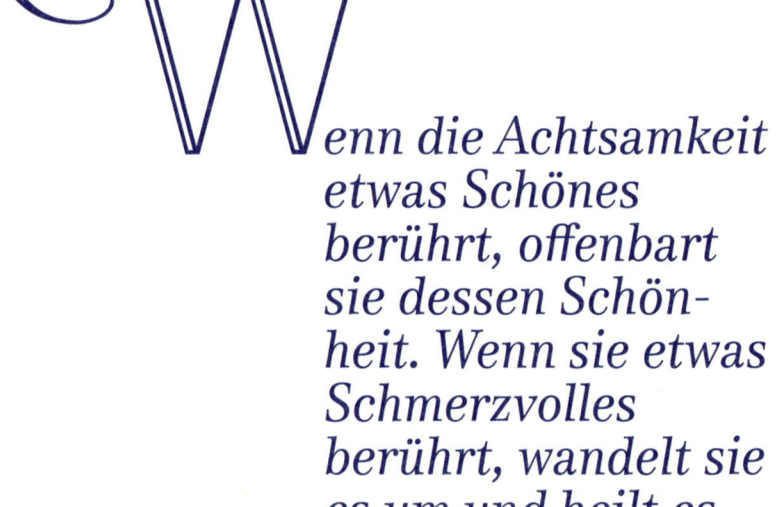

Wenn die Achtsamkeit etwas Schönes berührt, offenbart sie dessen Schönheit. Wenn sie etwas Schmerzvolles berührt, wandelt sie es um und heilt es.

AUS DEM ZEN-BUDDHISMUS

TAO TE KING –
DAS BUCH
VOM SINN UND LEBEN

Verkörperung des Sinns

Der SINN, den man ersinnen kann,

ist nicht der ewige SINN.

Der Name, den man nennen kann,

ist nicht der ewige Name.

Jenseits des Nennbaren liegt der Anfang der Welt.

Diesseits des Nennbaren liegt die Geburt der Geschöpfe.

Darum führt das Streben nach dem Ewig-Jenseitigen

zum Schauen der Kräfte,

das Streben nach dem Ewig-Diesseitigen

zum Schauen der Räumlichkeit.

Beides hat Einen Ursprung und nur verschiedenen Namen.

Diese Einheit ist das Große Geheimnis.

Und des Geheimnisses noch tieferes Geheimnis:

Das ist die Pforte der Offenbarwerdung aller Kräfte.

Pflege der Persönlichkeiten

Wenn auf Erden alle das Schöne als schön erkennen,

so ist dadurch schon das Häßliche gesetzt.

Wenn auf Erden alle das Gute als gut erkennen,

so ist dadurch schon das Nichtgute gesetzt.

Denn Sein und Nichtsein erzeugen einander.

Schwer und Leicht vollenden einander.

Lang und Kurz gestalten einander.

Hoch und Tief verkehren einander.

Stimme und Ton sich vermählen einander.

Vorher und Nachher folgen einander.

Also auch der Berufene:

Er verweilt im Wirken ohne Handeln.

Er übt Belehrung ohne Reden.

Alle Wesen treten hervor,

und er verweigert sich ihnen nicht.

Er erzeugt und besitzt nicht.

Er wirkt und behält nicht.

Ist das Werk vollbracht,

so verharrt er nicht dabei.

Und eben weil er nicht verharrt,

bleibt er nicht verlassen.

Wert der Demut

»Was halb ist, wird voll werden.

Was krumm ist, wird gerade werden.

Was leer ist, wird gefüllt werden.

Was alt ist, wird neu werden.

Wer wenig hat, wird bekommen.

Wer viel hat, wird umnebelt werden.«

Also auch der Berufene:

Er umfaßt das Eine

und ist der Welt Vorbild.

Er will nicht selber scheinen,

darum wird er erleuchtet.

Er will nichts selber sein,

darum wird er herrlich.

Er rühmt sich selber nicht,

darum vollbringt er Werke.

Er tut sich nicht selber hervor,

darum wird er erhoben.

Denn wer nicht streitet,

mit dem kann niemand auf der Welt streiten.

Was die Alten gesagt: »Was halb ist, soll voll werden«,

ist fürwahr kein leeres Wort.

Alle wahre Vollkommenheit ist darunter befaßt.

Über das Leben

Das hohe LEBEN sucht nicht sein LEBEN,

also hat es LEBEN.

Das niedere LEBEN sucht sein LEBEN nicht zu verlieren,

also hat es kein LEBEN.

Das hohe LEBEN ist ohne Handeln und ohne Absicht,

Das niedere LEBEN handelt und hat Absichten:

Die Liebe handelt und hat nicht Absichten.

Die Gerechtigkeit handelt und hat Absichten.

Die Moral handelt, und wenn man ihr entgegenkommt –

so fuchtelt sie mit den Armen und zieht einen herbei.

Darum: Ist der SINN abhanden, dann das LEBEN.

Ist das LEBEN abhanden, dann die Liebe.

Ist die Liebe abhanden, dann die Gerechtigkeit.

Ist die Gerechtigkeit abhanden, dann die Moral.

Diese Moral ist Treu und Glaubens Dürftigkeit

und der Verwirrung Beginn.

Vorbedacht ist des SINNES Schein

und der Torheit Anfang.

Also auch der rechte Mann:

Er weilt beim Völligen und nicht beim Dürftigen.

Er bleibt beim Sein und nicht beim Schein.

Darum tut er ab das Ferne und hält sich ans Nahe.

Das Wesen der Nachgiebigkeit

Der Berufene hat kein Herz für sich.

Er macht der Leute Herz zu seinem Herzen.

Zu den Guten bin ich gut,

und zu den Nichtguten bin ich auch gut;

denn das LEBEN ist die Güte.

Zu den Treuen bin ich treu,

und zu den Nichttreuen bin ich auch treu;

denn das LEBEN ist die Treue.

Der Berufene lebt in der Welt ganz still,

aber er macht sein Herz weit für die Welt.

Die Leute alle starren auf ihn und horchen.

Der Berufene behandelt sie alle als seine Kinder.

Pflege des Lebens

Der SINN erzeugt.

Das LEBEN nährt.

Das Wesen gestaltet.

Die Kraft vollendet.

Also auch:

unter allen Geschöpfen ist keines,

das nicht den SINN ehrt

und das LEBEN werthält.

Wird der SINN geehrt und das LEBEN gewertet,

so bedarf es keiner Gebote:

und alles geht beständig von selber.

Darum, laß den SINN erzeugen,

nähren, vermehren,

bilden, vollenden,

reifen, aufziehen, schützen:

Erzeugen und nicht besitzen,

wirken und nicht behalten,

mehren und nicht beherrschen:

Das ist geheimes LEBEN.

Geheimnisvoller Zauber

Wer festhält des LEBENS Völligkeit,

der gleicht einem neugeborenen Kindlein:

Giftige Schlangen stechen es nicht.

Reißende Tiere packen es nicht.

Raubvögel stoßen nicht nach ihm.

Seine Knochen sind schwach, seine Sehnen weich,

und doch kann es fest zugreifen.

Es weiß noch nichts von Mann und Weib,

und doch regt sich sein Blut,

weil es des Samens Fülle hat.

Es kann den ganzen Tag schreien,
und doch wird seine Stimme nicht heiser,
weil es des Friedens Fülle hat.
Den Frieden erkennen heißt ewig sein.
Die Ewigkeit erkennen heißt weise sein.
Das Leben mehren nennt man Glück.
Für sein Begehren seine Seelenkraft einsetzen, nennt man stark.
Sind die Geschöpfe stark geworden, altern sie.
Denn das ist Wider-SINN.
Und Wider-SINN ist nahe dem Ende.

Verwirklichung des Sinns

Der SINN ist aller Geschöpfe Hort,
der guten Menschen Schatz,
der nichtguten Menschen Zuflucht.
Mit hehren Worten ist man leicht geehrt.
Mit hehren Taten ist man leicht erhoben.
Aber die Nichtguten unter den Menschen:
Warum sollte man die wegwerfen?
Darum ist der Herrscher eingesetzt
und die Fürsten haben ihr Amt.
Ob man auch Zepter von Juwelen hätte, um sie im feierlichen
Viererzug zu übersenden,

nicht kommt das der Gabe gleich, wenn man diesen SINN
auf seinen Knien dem Herrscher darbringt.

Der Grund, warum die Alten diesen SINN so wert hielten,
war kein andrer, als daß man von ihm wirklich sagen kann:
Wer bittet, der empfängt.

Wer Sünden hat, dem werden sie vergeben.

Darum ist er der köstlichste Schatz in der Welt.

LAOTSE

MEINER LIEBEN
SCHWIEGERTOCHTER ALMA

Zeitungbringerin,

Fliegenwedelschwingerin,

Fehllose Jägerin,

Treffliche Totschlägerin,

Liebe Beleberin,

Kleinmutes Heberin,

Sorgenabwenderin,

Trostredespenderin,

Leidens Abfragerin,

Besserungswahrsagerin,

Leisanschweberin,

Arzeneigeberin,

Stundenmahnerin,

Zeitvertreibsanbahnerin,

Temperaturspürerin,

Feuernachschürerin,

Witterungskünderin,

Lampendochtanzünderin,

Morgenbegrüßerin,

Abendrastversüßerin,

Nachtvorleserin,

Bücheramtsverweserin,

Allzeitunterhalterin,

Gesprächsstoffsentfalterin,

Wunschablauscherin,

Dienstrollentauscherin,

Allesbeschickerin,

Allesüberblickerin,

Allesbestreiterin,

Krankenkostbereiterin,

Festgabebedenkerin,

Weihnachtsentenschenkerin,

Engelverwenderin,

Enkelzuspruchsenderin,

Ordnerin, Schmückerin,

Kopfkissenrückerin,

Pfeifenkopfstopferin,

Flaschenpfropfentpfropferin,

Schlummerbecherfüllerin,

Kalter Knie Umhüllerin,

Nachtruhanwünscherin,

Wenn ich wachensmatt bin,

Heimlich schwach schachmatt bin,

Treue Mitträgerin

Mitpflegerin

Neben deiner Schwägerin,
Schwiegerkind, Söhnerin,
Versöhnerin, Beschönerin,
Unbelohnt Taglöhnerin,
Allzeit frohe Frönerin,
Liebliche Verwöhnerin:
Nimm dies Liebeszeichen hin,
Wie ich dir dankbar bin.

FRIEDRICH RÜCKERT

DIE BESTIMMUNG DES MENSCHEN ZUR GEMEINSCHAFT

An das bisher Ausgeführte wird sich passend die Betrachtung der menschlichen Gemeinschaften anschließen. Das Band, das die Menschen verbindet ist selber etwas Sittliches oder es erscheint doch im Gefolge der Sittlichkeit, und überdies gehört es zu den schlechthin unentbehrlichen Bedingungen des menschlichen Lebens. Niemand möchte sich, auch wenn er alle übrigen Güter sein nennte, zu leben wünschen ohne die liebevolle Teilnahme anderer. Ja, man darf sagen, daß gerade für diejenigen, die Reichtum, Herrschaft und Macht besitzen, das Bedürfnis solcher liebevollen Beziehungen zu anderen sich am dringlichsten erweist. Denn was hätten sie von ihrem ganzen Glückszustande, wenn sie nicht vermittels desselben die Möglichkeit hätten, anderen Freude zu bereiten? Dies aber ist solchen gegenüber, zu denen man in freundschaftlichen Beziehungen steht, am meisten am Platze und am verdienstlichsten. Oder wie ließe sich das Glück bewahren und aufrecht erhalten ohne die wohlwollende Gesinnung anderer? Ist es doch, je größer es ist, auch desto mehr gefährdet.

In Armut und sonstigem Mißgeschick aber hält man sich an die Freunde als an die einzige Zuflucht. Jungen Leuten erwächst aus der Freundschaft Bewahrung vor Verfehlungen, älteren Leuten Hilfe und Pflege und Ersatz für das, was sie aus Mangel an Kräften selbst nicht mehr zu leisten vermögen, den auf des Lebens Höhe Stehenden Förderung bei jedem edlen Vornehmen. »Zwei auf dem Marsche vereint«, [heißt's bei Homer]; dadurch wird das Vermögen zu Rat und Tat gesteigert.

Sympathische Zuneigung findet man als natürliche Empfindung bei dem Erzeuger dem Erzeugten, wie bei dem Erzeugten dem Erzeuger gegenüber, und das nicht bloß bei Menschen, sondern auch bei Tieren, wie bei den Vögeln und der Mehrzahl der Säugetiere; man begegnet ihr bei Wesen, die gleicher Abstammung sind, und so am meisten bei den Menschen. Darum gilt es als ein Lob, für die Menschen Sympathie zu hegen. Wo einer in der Fremde weilt, da kann man recht erkennen, wie jeder schon als Mensch dem Menschen nahe steht und ihm empfohlen ist. Das Band welches die Sympathie stiftet, hält augenscheinlich auch die staatliche Gemeinschaft im Gange, und die Gesetzgeber legen auf dasselbe größeren Wert als selbst auf die Gerechtigkeit. Denn die Eintracht, die zu erhalten ihr dringendstes Anliegen ist, steht zu den Gefühlen der Sympathie in enger Verwandtschaft, und die Zwietracht, die auf Gefühlen der Abneigung beruht, suchen sie so weit wie möglich fern zu halten. Wo das Gefühl des Wohlwollens herrscht, da braucht man nicht die Gerechtigkeit anzurufen; dagegen wo der Sinn für das Recht vorhanden ist, da bedarf es immer noch der wohlwollenden Gesinnung, und die Gerechtigkeit im höchsten Sinne erscheint geradezu als Frucht wohlwollender Triebe. Aber nicht bloß als unentbehrliche Bedingung hat solches Wohlwollen seine Bedeutung; es ist auch sittlich wertvoll. Wir schätzen diejenigen hoch, die Liebe mit Liebe erwidern, und vielen wohlwollend gesinnt zu sein, gilt als eine der edlen Eigenschaften des Menschen. Überdies herrscht die Überzeugung, daß eben dieselben, die sonst brave Männer sind, auch einander befreundet sind.

Es ist nun die Zahl von Fragen nicht gering, die den hier berührten Gegenstand betreffen und zu einer Verschiedenheit der Ansichten Anlaß geben. Die einen führen das Gefühl der Zuneigung auf Gleichheit des Wesens zurück und meinen, Freunde seien solche, die einander von Wesen gleichen; daher das Wort: »Gleich zu gleich«, oder »Eine Krähe zur anderen Krähe«, und was dergleichen mehr ist. Andere sagen im Gegenteil, die Menschen verhielten sich sämtlich so zueinander, wie ein Kunstgewerbler zum andern, und suchen die Erklärung dafür in allgemeineren Beziehungen, auch in Erscheinungen der äußeren Natur. So sagt Euripides: »Es liebt das Land den Regen«, das ausgedörrte nämlich, und »Es liebt der hehre Himmel, wenn er regenschwer, zur Erde sich zu senken« und Heraklit spricht vom »Widerstrebenden, das zusammenhält«; er meint, aus der Verschiedenheit ergebe sich die schönste Harmonie, und alles erzeuge sich auf dem Wege des Streites. In den Gegensatz zu diesen stellt sich mit anderen auch Empedokles, nach dem das Gleiche dem Gleichen zustrebt. Wir nun wollen diese aus der Natur entnommenen Gleichnisse für die zu lösenden Fragen lieber beiseite lassen; / sie sind für das Gebiet unserer gegenwärtigen Untersuchung doch zu wenig bezeichnend; / und richten unsere Aufmerksamkeit vielmehr auf das, was den Menschen angeht, was seinen Charakter und seine Gefühlsweise betrifft. Dahin gehört die Frage, ob Gefühle der Sympathie unter allen bestehen können, oder ob es nicht vielmehr bei schlechten Menschen unmöglich ist, daß sie für einander Zuneigung empfinden; ferner die Frage, ob es nur eine Art von freundschaftlicher Verbindung gibt oder mehrere. Diejenigen, welche nur eine Art annehmen, aus dem Grunde, weil sie ja ein Mehr oder Minder zulasse, stützen ihre Ansicht auf ein Kennzeichen, das man keineswegs als triftig anzuerkennen braucht. Denn ein Mehr oder Minder kommt auch da vor, wo sicher eine Verschiedenheit von Arten vorhanden ist. Wir haben darüber an anderer Stelle gehandelt.

ARISTOTELES

DER FRIEDENSSTIFTER

Der berühmte Naturforscher Dr. Friedrich Heinrich Wilhelm Martini, der im Jahr 1778 in Berlin starb, besaß schon als Jüngling den vortrefflichen Charakter, und Frieden stiften war ihm gleichsam natürlich und angeboren. Er hatte die Gabe, die rohesten Gemüther zu besänftigen, und die auf's Höchste aufgebrachten Köpfe wieder zu versöhnen. Nach diesem edeln Charakter war er bei Jedermann auf der Universität bekannt, und wurde oft von verschiedenen, ihm zuvor noch ganz unbekannten Studirenden auf das Innigste gebeten, dergleichen Aussöhnungsgeschäfte auf sich zu nehmen. Sein sanftmüthiges Betragen machte ihn so beliebt, daß fast jeder rechtschaffene Student seinen Umgang suchte, wobei er aber sehr delikat war, und mit solchen, bei denen er das Gute, was er suchte, nicht fand, herzhaft abzubrechen pflegte. Sein mitleidiges und wohlthätiges Herz gegen arme Studenten erweckte ihm allgemeine Hochachtung und Liebe. Mehrmals schenkte er Andern seine eigenen Lehrbücher, und kaufte sich neue. Eben so oft gab er armen Landsleuten das Tischgeld, und dieß auf eine so vorsichtige und liebreiche Art, daß sie sich ihrer Armuth nicht schämen durften.

Seine Mäßigkeit bei Zusammenkünften und Spaziergängen auf dem Lande mußten auch die andern bewundern, welche die Gränzen dieser Tugend längst aus den Augen verloren hatten, und sich nicht getrauten, in seiner Gegenwart unmoralische Dinge vorzunehmen. Dagegen war er im Stande, die ganze Gesellschaft so angenehm und interessant zu unterhalten, daß auch die Ungesittetsten ihm mit Vergnügen zuhörten. Sehr oft glückte es ihm, durch sein gesetztes Wesen, durch seine dringenden Bitten und Vorstellungen und durch sein erlangtes großes Ansehen die gefährlichen Tumulte zu stillen und allgemeine Ruhe wieder herzustellen.

Fünf Dinge muß man überall unter dem Himmel üben, um wahrhaft zu sein – Höflichkeit, Großzügigkeit, Verläßlichkeit, Beflissenheit, Milde.

LIEBER SCHADEN
ERLEIDEN ALS UNFRIEDEN
UNTERHALTEN

Die Gräfin Letice von Falkland pflegte oft darüber zu klagen, daß sie vermöge ihres Temperaments sehr zum Zorn geneigt sey. Da sie aber diesen Feind wohl kannte, so gab sie desto genauer auf sich Acht, und brachte es bald dahin, daß sie über diese unfreundliche Gemüthsneigung die Herrschaft erhielt. Sie hatte in Wahrheit, so viel in ihrem Vermögen stand, mit allen Menschen Friede. Sie ließ sich lieber übervortheilen und an ihrem Vermögen Schaden thun, als daß sie einem Schuldner durch Processe hätte beunruhigen mögen; denn Friede und Ruhe, sagte sie, ist mit der vorenthaltenen Summe ja wohl in gleichen Werth zu setzen. – In Ansehung gerichtlicher Streitigkeiten, welche Andere unter sich hatten, und wobei sie keine Parthei ausmachte, hielt sie sich vermöge der christlichen Liebe verpflichtet, die Wiederaussöhnung unter den Partheien auf alle Weise zu suchen und zu befördern. Besonders wandte sie alle Kraft und Kunst an, Friede zu stiften, wenn unter Nachbarn und Einwohnern eines Orts Zwistigkeit ausbrechen wollte. Sie verstand es ebenso gut, drohende Streitigkeiten abzuwenden, als dieselben, wenn sie ausgebrochen waren, zu heilen. Einst kostete es sie eine große Summe Geldes, einem unter gewissen Nachbarn zu besorgenden und von ihr vorausgesehenen Streit wegen der Wahl eines Vorstehers der Gemeine zuvor zu kommen. Sie wählte nämlich, nachdem sie das Recht dazu durch Geld an sich gebracht, selbst Einen zu diesem Amte, und Alles gieng dabei friedlich und ruhig zu.

LASSEN SIE UNS DEN LEICHENZUG BEGLEITEN!

Im Sommer 1832 gieng Kaiser Franz I. von Oestreich eines Nachmittags nur von einem Adjutanten begleitet durch die Straßen des kleinen Städtchens Baden. Eben wollten sie in eine Straße einbiegen, als der Adjutant einen Sarg dahertragen sieht und den Kaiser fragt, ob er nicht lieber einen andern Weg einzuschlagen dächte, um dem traurigen Anblick eines Leichenbegängnisses auszuweichen. Franz aber blieb stehen und erwartete den kleinen Zug. Niemand folgte dem Sarg als ein Priester und der Küster. »Das muß ein armer Mensch gewesen seyn,« bemerkte der Kaiser, »weil Niemand seiner Leiche folgt. Lassen Sie uns den Zug begleiten.« Und wirklich schloß sich der Kaiser mit dem Adjutanten dem Zuge an und gab so den Vorübergehenden ein beschämendes Beispiel. Jedermann, der des Weges kam, folgte ihnen, und so ward aus dem ärmlichsten Leichenbegängniß eines der glänzendsten.

BIN ICH NICHT DEM VERLASSENEN KINDE DER NÄCHSTE?

In Paris lebten um die Mitte des vorigen Jahrhunderts zwei Schwestern, deren eine sehr reich, die andere aber, welche Meuthe hieß, eine arme Obsthändlerin war, die nur mit Mühe sich mit neun Kindern zu erhalten vermochte. Nie hatte die reiche Schwester sich um die arme Meuthe bekümmert, und ebenso wenig jemals gethan, als ob sie ihr angehöre; denn sie schämte sich ihrer. Es wäre ihr so leicht gewesen, dem armen Weibe zu helfen; denn sie verlor oft in Einem Abend im Spiele so viel, oder ließ bei Einer Mahlzeit so viel darauf gehen, daß die Meuthe wohl ein ganzes Jahr mit ihren Kindern hätte davon leben können; aber sie half ihr nicht. Die reiche Schwester wurde gefährlich krank; die Aerzte sagten ihr, daß sie nicht wieder aufkommen werde. Sie machte ihr Testament, und vermachte ihr ganzes großes Vermögen einer ohnehin schon reichen Bäckersfrau; ihrem eigenen Kinde, dem einzigen, welches sie hinterließ, hatte sie nicht in demselben ausgesetzt. »Mein Gott!« – sagte die Meuthe, – »was habe ich doch meiner Schwester gethan, daß sie so hart gegen mich gehandelt hat? Und was hat ihr das arme Geschöpf, ihr eigenes Kind, gethan?!« Meuthe erkundigte sich nach der Bäckerin, welche die Erbin des großen Vermögens war, und hörte überall, daß sie eine geizige, harte Frau sey, die gewiß das arme Kind ihrer Schwester schlecht genug halten werde. Bald vernahm sie auch, daß diese Frau im Begriff stehe, es bei einem schlechten Weibe in die Kost zu geben. »Nein!« – sagte Meuthe von Unwillen – »nein, das soll nicht geschehen; ich will das Kind erziehen; Gott wird ja helfen!« Man stellte ihr vor, wie schwer es ihr werden würde, noch dieses Kind zu ernähren, da sie deren schon neun habe, die ihr sauer genug würden; aber sie blieb bei ihrem Vorsatze. – »Ich« – sagte sie – »bin ja dem verlassenen Kinde die Nächste!« (Nachdem sie das Kind, welches nur erst ein paar Jahre alt war, herbeigeholt, trug sie es auf ihrem Arm in ihr Haus). – »Ja, ich bin dir am nächsten, armes Geschöpf!« – rief sie und drückte das Kind mit Innigkeit an sich. Sie liebte von dieser Zeit an das Kind wie ihr eigenes; es empfieng Alles, was ihre eigenen Kinder mit ihrem kleinen Obsthandel zu ernähren, so hat es sie doch niemals gereut, das verlassene Kind zu sich genommen zu haben.

SCHLUSSWORT ÜBER NEUE GESELLIGKEIT

Unter gutem Ton dürfen wir uns keine schwerfällige oder spitzfindige Affektation vorstellen, wie sie einst vielleicht gebräuchlich war. Wohl mußte der gute Ton zum Rüstzeug verschiedener Zeremonien greifen, um sich wieder einzuführen und gesittetes Dasein wieder aufleben zu lassen nach katastrophaler Verwilderung. Dies ist öfters in der europäischen Geschichte zu ersehen.

Nach der Verwilderung der römischen Bürgerkriege erhebt sich majestätisch siegreich der gute Ton im augusteischen Zeitalter, dann nach der Barbarei der Völkerwanderung und erlebt eine lange Blüte in höfischer Zucht und Sitte, ersteht neu nach dem 30jährigen Krieg, nach den Bürgerkriegen in England und Frankreich, die eine Verrohung der Manieren und dementsprechend des Gemüts nach sich zogen: er rüstet sich mit neuen Zeremonien, um eine veränderte Erscheinung des Kulturmenschen zu gewährleisten.

Das zeremoniöse, mit steifer Höflichkeit in Szene gesetzte Duell wurde zur Kampfansage des guten Tones gegen gemeine, wilde und versoffene Rauferei, gegen Blutrache und Mord.

Das zeremoniös bestimmte, galante Benehmen dem Frauenzimmer gegenüber sollte der überhand nehmenden Brutalität einen Riegel vorschieben. Wir sehen, daß viele heute abgebrauchte Konventionen, deren sich der gute Ton unterwerfen mußte, historisch bedingt sind. Im Grunde ist er ja nichts anderes als jenes Kunstgefühl für die »Tugend«, das unsere Klassiker meinten, jenes »Ziemliche«, das von den Lippen edler Frauen immer wieder verkündet wurde, jenes freundlich ernste Gebot der Herzensbildung: »Erlaubt ist, was sich ziemt.«

Der erste Schritt zur Zivilisation ist die Achtung vor dem Schicklichen, der erste Schritt zur Verwilderung, die Abkehr vorm Schicklichen, der Verlust von Erfurcht und Anstandsgefühl. Daran kann keine Zeit etwas ändern.

Was hier in kurzen Abschnitten dem Herrn und der Dame als Leitfaden geboten ist, zeigt, wie man sich benehmen soll, um nicht Anstoß zu erregen; es sind Winke, das Leben zu erleichtern, indem unnötige Zweifel beseitigt werden. Das Buch möchte beratend einwirken, ohne schroff zu sagen: so und nicht anders gehört es sich. Da der gute Ton im Verkehr mit dem lieben Nächsten zum Ausdruck kommt, bilde eine kleine Betrachtung über neue Geselligkeit den Abschluß.

In der Entwicklung des geselligen Lebens zeigt sich von Anfang an eine konservative Richtung, die stets zur Herrschaft drängt und mit der Zeit noch aus jedem Umsturz siegreich hervorgegangen ist. So auffallend die äußeren Erscheinungen auch wechseln mögen, ihre tiefste Struktur kann nicht verbogen werden, eher zerbrochen in irgend welcher Katastrophe. Nach solchem Bruch drängt sich aber bald eine naive Sehnsucht nach dem Erprobten zutage.

Schritt für Schritt, zuweilen Sprung für Sprung wird die allgemeine Zeitänderung von den geselligen Gepflogenheiten begleitet, und da kommt Altbewährtes in neuem Gewand.

Wie ist es möglich, im Zeitalter des Boxens, ein gepflegtes Gespräch, die Kunst zu plaudern plötzlich aufleben zu lassen unter Menschen, die deren Technik entbehren? Ein kluges Gespräch zu führen ist nicht so einfach, und es gehört mehr dazu als ein rationell entwickelter Körper.

Vorbei sind die feierlich preziösen italienischen Gesprächsabende, die man »conversazione« nannte, weil sich nichts anderes als Konversation begab. Diese Art der Geselligkeit war für gebildete Menschen so genußreich, daß fromme Zeiten sie den Heiligen zumuteten und Bilder, die jene im Gespräch zeigten »Santa conversazione« nannten.

Heute bildet man sich ein, zu bequem, zu müd, zu abgearbeitet zu sein für dieses Spiel des froh sich tummelnden Geistes. Und doch ist der moderne Mensch lebhaft, empfänglich, gerne angeregt und anregend durch die Fülle seiner Erlebnisse. Er will nur, namentlich wenn er jung ist, nichts wissen von jener strengen äußeren Form, die er umständlich und veraltet nennt. Aber hat es unnötiges Zeremoniengerümpel jemals da gegeben, wo wirklich gute Konversation Geister schied und zusammenführte? Im Dachstübchen einer geistreichen Frau, im kleinen Salon einer großen Dame, am eichenen Tisch berühmter Weinwirtschaften? Der Geist bedarf keinen Zwang, er überwindet die äußere Form weil er die höchsten Formen in sich trägt. Er zeigt sich jedoch nur in engem Kreis unter wenig Menschen, denen Freude am Wort und am Gedanken eigen ist. Die Menge jagt den großen Veranstaltungen nach – denn Gedränge ist Vielen ein Vergnügen. Die großen Empfänge in den Metropolen, besonders der sogenannte »crush« der Londoner Gesellschaft, der diesem Vergnügen dient, weisen einen so starken Prozentsatz ungeladener Gäste auf, daß die Gastgeber ernstlich auf Abhilfe sinnen. Vielleicht bildet es für manchen armen Teufel, der Manieren und einen Gesellschaftsanzug von früher besitzt, Lebensunterhalt und Sport, ungebeten zu erscheinen, irgendwelche Beziehungen anzuknüpfen oder sich nur bis zum Eßtisch durchzukämpfen. Jede Zeit hat ihre eigenartigen Parasiten.

Beziehungen in der Gesellschaft geschäftlich auszumünzen, ist in der Gegenwart recht gebräuchlich geworden. Namentlich Damen zeichnen sich aus in diesem einträglichen Sport, preisen Bücher an oder Parfums, tragen eine Modeneuigkeit zur Schau, die von dieser oder jener Gesellschaft aus sich verbreiten soll oder »Lancieren« gegen hohe Vergütung irgend eine neureiche Familie, deren erste Schritte auf dem glatten Parkett sie ein wenig gouvernantenhaft betreuen. Auch hat sich das »shopping« in eleganten [heute sagt man »feudalen«] Läden zu einer neuen Art geselliger Zusammenkünfte entwickelt.

Während öffentliche Feste, oft unter fantastischem Prunk vor sich gehen, gleitet die private Geselligkeit in das Reich behaglicher Anspruchslosigkeit und findet sich ab mit dem neuzeitlichen Platzmangel, sowie mit der modernen Sachlichkeit.

Die Raumverhältnisse moderner Wohnungen gestatten vielfach, in der neuen Welt, wie in der alten, kein eigenes Eßzimmer und im »Salon« oder der Wohnstube würde ein Eßtisch in entsprechendem Ausmaß stören. Da ist man wieder auf den alten Klapptisch gekommen, von dem die französische Redensart »dresser la table« stammt. Der »fliegende Tisch«, wie er jetzt heißt, lehnt für gewöhnlich in der Küche und wird nach dem Essen sofort abgeräumt, zusammengeklappt und hinausgetragen. Dazu helfen die Gäste. Dann wird je nach Stimmung in der Kaminecke zum Kaffee geplaudert oder das Grammophon tritt in sein Recht und lockt zum Tanz. So beginnt in bescheidenem Raum anspruchslose Geselligkeit;

»praktische Sozialisierung des mondänen Lebens« hat es eine Zeitung genannt.

Der Heroismus des Humors ist die kriegerische Aufrüstung des guten Tones und läßt sich gut mit dem wackeren Schild vergleichen, in dessen Schutz wir Hieb und Stich des Schicksals füglichst ertragen.

Bekanntlich sind humorvolle, unentwegt heitere Menchen die gesuchtesten und beliebtesten Gesellschafter. Sie dürfen jedoch nicht zum beruflichen Witzbold herabsinken, nicht zum gehänselten oder hänselnden Dorfdeppen werden und nicht die Rolle des antiken Parasiten spielen, der seinen Platz an der Tafel mit beweglicher Zunge erkaufte. Er darf nie gewohnheitsmäßig auslachen und sich ermächtigt fühlen die Pritsche des Hofnarren zu schwingen.

Leise Belustigung über eigene Fehler kann amüsant wirken, Übertreibung solcher Scherze kann verhängnisvoll werden, weil der andere nicht recht weiß, wie er sich dabei verhalten soll. Übelnehmen und eigensinniges Verharren darin ist der schlimmste Schädling des Verkehrs.

Richtige Anrede und Anschrift, rechtzeitige Einladung, beziehungsweise Absage sind darum wichtig, aber leider so mühsam, besonders für den Gelehrten und den von Geschäften in Anspruch genommenen, daß gerade die »interessanten Menschen« am liebsten auf Geselligkeit verzichten.

Sie brauchen und finden auch eine Art Impressario, der allen Kleinkram für sie besorgt.

Zum Beherrschen des guten Tons gehört auch, sein Gedächtnis zu üben. Wir sind erfreut und geschmeichelt über Glückwünsche und sonstige Kundgebungen der Sympathie. Es erfordert jedoch anstrengende Übung, um kränkende Zerstreutheiten und Vergeßlichkeiten zu vermeiden. Deshalb waren einst Kinder und junge Leute angehalten, Höflichkeiten zu erweisen, ältere Leute ihres Kreises bei jeder Gelegenheit anzufeiern, Respektspersonen langweiliger Art geduldig zu ertragen. Fürstlichkeiten bekamen besonderen Unterricht in Höflichkeiten, um beim »Cercle« usw. den richtigen Ton zu treffen. Leider ist es nicht genügend Gepflogenheit geworden, im Verkehr mit hohen und höchstgestellten Personen den guten Ton restlos zu treffen, er schwankte vielfach zwischen abgeschmackter Unterwürfigkeit und eitler Familiarität.

Moderne Geselligkeit kann aufbauend wirken und zur Trägerin einer Neukultur werden, wenn sie sich im wahrsten Sinn des Wortes ausgetanzt hat und vom Rhythmus des rein Körperlichen wieder zu einem Rhythmus des Geistigen hinüberfindet, der nicht lärmbetäubend sondern melodisch weiterklingend die Freude am geselligen Umgang von Mensch zu Mensch vertieft. In solchem Verkehr können die Lebensalter freundlich aufeinander einwirken, können die Grenzen der Geschlechter, die im öffentlichen wie im geschäftlichen Leben sich allzusehr verwischen, liebenswürdig betont werden, ohne die moderne Kameradschaftlichkeit zu stören und wird sich altes Kulturgut harmonisch mit neuem verschmelzen. Ohne feine Geselligkeit kein guter Ton, aber auch ohne guten Ton keine Geselligkeit.

ALEXANDER VON GLEICHEN-RUSSWURM

NEUJAHRSWÜNSCHE

Jeder wünscht sich langes Leben,
seine Kisten voller Geld,
Wiesen, Wälder, Äcker, Reben -
Klugheit, Schönheit, Ruhm der Welt,
doch wenn alles würde wahr
was man wünscht zum neuen Jahr,
dann erst wär es um die Welt,
glaubt es, jämmerlich bestellt.

Lebten alle tausend Jahre,
was gewönnen wir dabei?
Kahle Köpfe, graue Haare
und das ew'ge Einerlei!
Im erschrecklichen Gedränge
ungeheurer Menschenmenge
würden Stadt und Dorf zu enge,
und die ganze Welt zu klein.
Niemand könnte etwas erben,
denn es würde keiner sterben;
und wer möchte Doktor sein?

Wäre jedermann so reich,
als wohl jeder wünscht zu werden:
Nun, dann würden wir auf Erden
uns, in Sorgen, alle gleich.
Da niemand des andern Bürde
künftig auf sich laden würde,
müßte jeglicher allein
sein höchsteigner Diener sein;
selber seine Strümpfe stricken,
möcht' er nicht gern barfuß gehn;
selber Rock und Hosen flicken
möcht' er nicht wie Adam stehen;
müßte kochen, braten, backen,
liebte er gesunde Kost.
Wäre er kein Freund vom Frost,
müßt' er selber Holz sich hacken.

Ständen alle ohne Mängel
wir hienieden schon, als Engel,
o wie wär' es böse Zeit
für die liebe Geistlichkeit!
Wer denn könnte Pfarrer werden
in dem Himmel hier auf Erden,
wenn der Laie besser wäre

als die Predigt, die er hört?
Nur wo nötig ist die Lehre
– und sonst nirgends – hat sie Wert.
Advokaten gingen müßig;
Richter wären überflüßig;
und Dragoner und Husaren
wären überflüß'ge Waren.
Ach, in diesem Weltgetümmel
wüchse wieder neue Not,
denn es brächte unser Himmel
manchen braven Mann ums Brot.

Wären alle Mädchen schön,
und von außen und von innen
und vom Wirbel bis zum Zehn
zauberische Huldgöttinnen:
zu alltäglich, zu gemein
würden schöne Mädchen sein;
niemand würde auf sie blicken. -
Wäre alles Diamant,
was jetzt Kiesel ist und Sand,
niemand möchte sich drum bücken.

Jeder wünscht zum neuen Jahr.
Aber würde alles wahr,
dann erst wär' es um die Welt,
glaubt es, jämmerlich bestellt!
Wollet Ihr die Welt verbessern,
(bloße Wünsche tun es nie,
Spiele sind's der Phantasie!)
wollet ihr die Welt verbessern,
fange jeder an bei sich,
denn der Mittelpunkt der größern
Welt ist jeglichem sein Ich.
Dieses Ich wirft seine Strahlen,
einer innern Sonne gleich,
durch des Lebens weites Reich.
Wie es selber ist, so malen
sich die Dinge klein und groß,
prächtig oder farbenlos!

HEINRICH ZSCHOKKE

LIEBSTE,

ich hab den Tolstoi jetzt vollständig (aber gewiß nicht zum letztenmal) gelesen und habe genau wie Du das unbeirrbare Gefühl, daß in dem Buche ›die Wahrheit‹ oder wollen wir sagen: ›eine große Wahrheit liegt‹. Sie für uns oder für die Allgemeinheit, wie ich die ›Allgemeinheit‹ fühle, aus diesem Buche herauszuschälen ist eine ungeheuer schwere und verantwortungsvolle Aufgabe, an der bis jetzt noch sehr wenig geschehen ist. Das ist kein Vorwurf für Tolstoi; sein Buch ist eine moralische Riesenleistung, und es ist im Grunde selbstverständlich, daß er als Einzelmensch bei dieser Arbeit, bei der ihm niemand geholfen hat und die er mit den einseitigen Kräften seiner zufälligen Begabungen und Schwächen lösen mußte, einseitig und allzu persönlich vorgegangen ist. Ein einzelner Mensch kann das Problem gar nicht erschöpfend und allgemeingültig wie einen Codex festlegen. Ich habe, um einen Maßstab für die Tolstoi-Gedanken zu gewinnen, z.B. das Evangelium Markus gelesen, das herbste der 4 Ev. Lies z.B. einmal das 4. Kapitel! (Vers 12!) und das unheimliche 5. (V. 30 u.s.f.) und 7. Kapitel (ab Vers 14 und Vers 24!). Es sind nicht einzelne Dinge oder Einwendungen gegen Tolstoi, die ich damit vorbringen will, nur den Maßstab der Qualität seiner Ideen; Tolstoi wirkt, nachdem man diese Kapitel in ihrer atembeklemmenden Großartigkeit gelesen hat, merkwürdig soziologisch, Weltverbesserer, Glücksschwärmer. Er sieht das ›Reich Gottes‹ merkwürdig friedlich-ackerbaulich, als Glücksstaat an, und noch mehr als: anständigen Vernunftstaat. Tolstoi ist gegen Jesus gehalten ein ganz schwacher Menschenkenner; er hat seinen Idealtyp, und einen anderen kann er sich vernünftigerweise nicht vorstellen; aber die ›Welt ist tief; und tiefer als der Mensch gedacht‹. Das ist nicht Mystizismus von mir (oder Daumier oder Klee oder Archipenko – ich denke an die paar ganz ersten Sachen von ›uns‹), sondern das ist unser heiligstes Lebensgefühl. Es ist einfach töricht, von solchen Menschen sagen, daß ihre Kunst ›nur um einer weniger krankhafter Mäzene willen, die so einen Kitzel bezahlen‹, geschaffen wurde. Tolstoi verwechselt eine an sich gewiß schädliche und unsittliche Begleiterscheinung mit den Ursachen der Dinge. Mit dieser Forderung verdirbt er vieles in seinem Buch. Etwas anderes ist es, wo er behauptet, daß wir ›verbildet‹ sind, Krankheits- und Dekadenzprodukte unsrer Zeit. Darüber denk ich jetzt viel nach. Ich glaube, man darf diese Behauptung ebensowenig vorschnell und stolz zurückweisen als sie leichtsinnig bejahen. Daß ›exklusive‹ Künstler wie Daumier, van Gogh und Hokusai sich in ihrem tiefen Weltgefühl in Einigkeit begegnen oder z.B. der tiefe Hang der modernen Sucher, durch das ›Abstrakte‹ allgemein Gültiges, Einigendes auszudrücken (denn diese Tendenz liegt

unbedingt in unsern den andern, die stets bisher den persönlichen Einzelfall in der Kunst zu suchen gewöhnt waren, so
rätselhaften Werken), – das ist vielleicht eine ebenso wichtige
und große Sache als die Einigung von hunderttausenden auf
die Melodie von ›Stille Nacht, heilige Nacht‹ oder die rühren-
den Volkslegenden und Märchen. Ich dränge mein Gefühl
hier gar nicht zu einer raschen und gründlichen Entscheidung,
die nur das Produkt eines Lebenswerkes und vollen Lebens
sein kann und nicht das Resultat des ›gesunden Menschen-
verstandes‹, an den Tolstoi immer wieder appelliert. Andrer-
seits: So unendlich viel, was Tolstoi sagt, ist so unbedingt
wahr, unabweislich, daß man absolut nicht daran vorbeigehen
kann. Z.B. S. 245/246 über die moderne Roman-Literatur und
Musik. (›Jede Melodie ist frei und kann von allen verstanden
werden; aber kaum ist sie mit einer gewissen Melodie verbunden und durch sie verbaut, so wird sie nur Menschen,
die sich mit dieser Harmonie bekannt gemacht haben, zu-
gänglich u.s.w.‹) Oder: ›nehmen Sie bei den besten Romanen
unsrer Zeit die Einzelheiten fort und was bleibt dann übrig?‹
Das gleiche ist von den Impressionisten zu sagen. Die aller-
meisten legen das Gewicht auf das Wie und nicht auf
das Was. Und bei uns Kubisten etc. ist das leider noch mehr
wahr, gewiß mehr wahr, als wir es uns eingestehen wollen.
Wir müssen es uns aber in jedem Fall offen eingestehen.

Dieser Gedanke wird mich von nun stets beim Arbeiten und beim Nachdenken über meine und fremde Arbeit beherrschen. Der einzige Künstler unsrer Tage im Sinne Tolstoischer Volkskunst ist und bleibt natürlich Rousseau, wenngleich dem reinen Geiste nach van Gogh gewiß nicht weniger Anspruch auf diesen Ehrentron hat. Aber v. Gogh ist ja mit wenigen Porträtausnahmen für die Menge gänzlich unverständlich!! Warum? Meine Antwort ist: weil es nicht wahr ist, daß alle Gefühle allen gemeinsam und verständlich sein müssen. Der Mensch ist kein einmal festgelegter Typus, mit dem man so einheitlich und über einen Leisten verfahren kann, sondern unterliegt ganz der Wandlung und der Rangordnung, die die physikalische Natur in allen ihren ›Betrieben, Werkstätten‹ anwendet, um etwas zu fördern und um wachsen zu können. Differenzierung und Absonderung scheint mir eher gerade der Schlüssel der menschlichen Lebensenergie zu sein. Aber ich kann darüber nicht mit sowenig Worten reden. Jedenfalls ist für mich das christliche, das Jesus-Problem viel komplizierter, dunkler und herzensschwerer, als Tolstoi es aufzufassen scheint. Rousseau ist richtige christliche Volkskunst, Meister Bertram auch. Grünewald, Greco, Delacroix wirken neben diesen sehr affektiert und unehrlich und in ihrem Aufwand von großen und kleinen Mitteln unnötig. Könnte diese Unstimmigkeit des Nebeneinander nicht davon herrühren, daß man 2 Welten mit ganz verschiedenen Maßverhältnissen mit gleichem Maßstab mißt? d.h. mit dem Tolstoi-Maßstab des Einen? Laß Dich nicht verleiten, all diese Fragen zu einschichtig zu nehmen. Die Welt hat viele Schichten. Der Mensch ist in der weiten Natur ebenso Übergangsprodukt wie das Tier oder die Pflanze; wenn er die Liebe, gegenseitige Achtung und Hilfe als größten einigenden Lebensgrundsatz allmählich annimmt, so tut er das wahrscheinlich auch aus der inneren Not seiner Entwicklung. Aus Michelangelo (den Tolstoi unbedingt verpönen muß), Hölderlin, Beethoven, Cézanne spricht eine unendliche Weltliebe, Drang nach Verständigung; aber jeder hatte seinen Maßstab; der Adler kann keine Spatzen anführen, – er fliegt ihnen mit drei Flügelschlägen davon.

In manchem hat Tolstoi natürlich auch über die Großen gewiß richtig gedacht; z.B. den späten Beethoven in gewissen Werken; mir schwebt da besonders das berühmte Cis-moll-Quartett vor, das ich zweimal (von Joachim und später, glaube ich, von den Böhmen) hörte. Mir wurde es jedesmal langweilig, weil es mir ganz künstlich gemacht schien. Das erstemal dachte ich natürlich, daß ich zu dumm bin, es aufzufassen; das zweitemal schwor ich mir, es nicht ein drittesmal anzuhören; es ist inhaltlich fad und in eine künstliche Stimmung und ungeheure Breite gebracht. Jetzt würde ich es natürlich erst recht noch einmal hören, um mein Urteil zu prüfen. Gänzlich unverständlich ist mir, wie man den erotischen Einschlag in reinen Kunstwerken, wie dem Violinkonzert, Kreutzersonate, 7. und 9. Symphonie, Michelangelo, die Griechen u.s.w. so hassen kann wie Tolstoi es tut. Wie kommt er dazu, da überall das Geschlechtlich-Häßliche zu sehen? Das ist auch krankhaft von seiner Seite; am Ende traut er sich auch einmal nicht mehr durch einen Blumengarten zu gehen. Gegen eine solche Auffassung wende ich mich mit aller Leidenschaft. Dieser Punkt läßt mich sehr zweifeln an der Gesundheit Tolstoischen Denkens. Der erotische Witz sowohl wie die erotische Erregbarkeit und Leidenschaft sind Grundelemente des menschlichen Fühlens (gerade des einfachen, geraden Menschen), die man nicht durch christliche Liebe zudecken oder abschnüren kann und darf und soll. – à propos: ich bin Vizewachtmeister – nichts andres. Deine übrigen Befürchtungen sind ganz grundlos. Walden bat um äußersten Preis von gelb. Kuh; ich schrieb ihm den Netto-Kriegs-Preis für mich: 900, gänzlich unver bindlich für später. Wenn in diesen Zeiten jemand kauft, würde es mich für diesen Preis nur freuen. –

Gute Nacht, mit einem Kuß
Dein Franz. M.

ERKLÄRUNG DER RECHTE DER FRAU UND BÜRGERIN ZU VERABSCHIEDEN VON DER NATIONALVERSAMMLUNG IN IHRER LETZTEN SITZUNG ODER IN DER FOLGENDEN LEGISLATURPERIODE.

PRÄAMBEL

Wir Mütter, wir Töchter, wir Schwestern, Repräsentantinnen der Nation, fordern, Bestandteil der Nationalversammlung zu werden. In Anbetracht dessen, daß Unwissenheit, Vergessen oder Mißachtung der Rechte der Frauen, die alleinigen Ursachen öffentlichen Unglücks und der Korruption der Regierungen sind, haben wir beschlossen, in einer feierlichen Erklärung die natürlichen, unveräußerlichen und heiligen Rechte der Frau festzulegen, auf daß diese Erklärung allen Mitgliedern des Sozialkörpers ständig vor Augen steht und sie ohne Unterlaß an ihre Rechten und Pflichten erinnert; auf daß die Machtausübung von Frauen und Männern immer am Zweck aller politischen Institutionen gemessen und damit auch mehr respektiert wird; auf daß die Ansprüche der Bürgerinnen, fortan auf einfache und unbestreitbare Prinzipien gegründet, immer die Erhaltung der Verfassung, die guten Sitten und das Glück aller befördern.

In Konsequenz dessen, erkennt und erklärt das an Schönheit und Mut im Ertragen der Mutterschaft überlegene Geschlecht, in Gegenwart und unter den Auspizien des Höchsten Wesens, die folgenden Rechte der Frau und Bürgerin.

Erster Artikel

Die Frau ist frei geboren und bleibt dem Manne gleich an Rechten. Die sozialen Unterschiede können nur auf gemeinsamem Nutzen gegründet sein.

II.

Der Zweck jeder politischen Vereinigung ist die Erhaltung der natürlichen und unantastbaren Rechte der Frau und des Mannes: diese Rechte sind Freiheit, Eigentum, (Rechts-) Sicherheit und vor allem das Recht auf Widerstand gegen Unterdrückung.

III.

Das Prinzip aller Souveränität ruht wesentlich in der Nation, die nichts anderes ist als eine Vereinigung der Frau und des

Mannes: keine einzige Körperschaft, kein einziges Individuum kann Macht ausüben, die nicht ausdrücklich daraus hervorgeht.

IV.

Freiheit und Gerechtigkeit bestehen in der Zurückgabe all dessen, was einem anderen gehört. Also wird die Frau an der Ausübung ihrer natürlichen Rechte gehindert durch die Grenzen, die die fortdauernde Tyrannei des Mannes ihr entgegensetzt. Diese Grenzen müssen durch die Gesetze der Natur und der Vernunft neu gesetzt werden.

V.

Die Gesetze der Natur und Vernunft verbieten alle Handlungen, die für die Gesellschaft schädlich sind: alles, was durch diese weisen und göttlichen Gesetze nicht verboten ist, darf nicht verhindert werden, und niemand darf gezwungen werden zu tun, was die Gesetze nicht gebieten.

VI.

Das Gesetz muß Ausdruck des allgemeinen Willens sein; alle Bürgerinnen und Bürger müssen an der Gesetzgebung persönlich oder durch ihre Vertretung mitwirken. Das Gesetz ist das gleiche für alle: alle Bürgerinnen und alle Bürger, gleich in den Augen des Gesetzes, müssen gleichen Zugang haben zu allen Würden, Stellen und öffentlichen Ämtern, entsprechend ihren Fähigkeiten und ohne andere Unterschiede als die ihrer Tugenden und Talente.

VII.

Keine Frau ist davon ausgenommen; sie wird angeklagt, verhaftet und gefangen gehalten in den Fällen, die das Gesetz bestimmt. Die Frauen gehorchen wie die Männer diesem rigorosen Gesetz.

VIII.

Das Gesetz darf nur Strafen verhängen, die strikt und offensichtlich notwendig sind, und man kann nur bestraft werden auf Grund eines geltenden Gesetzes, das vor der Übertretung in kraft war und legal auf Frauen angewendet wird.

VIX.

Alle Frauen werden in Übereinstimmung mit der Strenge des Gesetzes schuldig erklärt.

X.

Keine/r darf verfolgt werden wegen ihrer/seiner Meinung, wie grundsätzlich auch immer; die Frau hat das Recht das

Schafott zu besteigen, sie hat gleichermaßen das Recht, die Tribüne zu besteigen, solange ihre Manifestationen die öffentliche Ordnung, festgelegt durch das Gesetz, nicht stören.

XI.

Die freie Mitteilung der Gedanken und Meinungen ist eines der wertvollsten Rechte der Frau, da diese Freiheit die Legitimität der Väter hinsichtlich der Kinder sichert. Alle Bürgerinnen können in aller Freiheit sagen: ich bin Mutter eines Kindes, das von Ihnen ist, ohne daß ein barbarisches Vorurteil sie zwingt, die Wahrheit zu verdunkeln, unter der Bedingung, daß sie den Mißbrauch dieser Freiheit verantworten muß, in Fällen, bestimmt vom Gesetz.

XII.

Die Garantie der Rechte der Frau und Bürgerin muß dem allgemeinen Nutzen dienen. Diese Garantie muß zum Vorteil aller sein und nicht im persönlichen Interesse derjenigen, denen die Garantie anvertraut ist.

XIII.

Für den Unterhalt der öffentlichen Gewalten und für die Kosten der Verwaltung sind die Beiträge der Frau und des Mannes gleich; hat die Frau Anteil an allen Lasten und

Pflichten, dann hat sie auch gleichen Anteil bei der Verteilung der Stellen, Beschäftigungen, Dienste, Würden und Gewerbe.

XIV.

Bürgerinnen und Bürger haben das Recht, selbst oder durch ihre Vertretung die Notwendigkeit der Steuererhebung festzustellen. Bürgerinnen können dem Prinzip, Steuern in gleicher Höhe zu zahlen, nur dann zustimmen, wenn sie gleichen Anteil nicht allein am Einkommen, sondern auch an der öffentlichen Administration haben und Beträge, Verwendung, Einziehung und Zeitdauer der Steuern mitbestimmen.

XV.

Die Masse der Frauen, die gleich den Männern Steuern zahlt, hat das Recht, von allen öffentlichen Einrichtungen und ihrer Administration Rechenschaft zu verlangen.

XVI.

Eine Gesellschaft, in der die Garantie der Rechte nicht gesichert und die Teilung der Gewalten nicht festgelegt ist, hat gar keine Verfassung. Die Verfassung ist nichtig, wenn die Mehrheit der Individuen, aus denen die Nation besteht, nicht an der Verfassungsgebung mitgewirkt hat.

XVII.

Das Eigentum gehört beiden Geschlechtern, gemeinsam oder getrennt; jede Person hat darauf ein unverletzliches und heiliges Recht. Keiner/keinem darf es als ein wahres Erbe der Natur geraubt werden, außer in Fällen öffentlicher und gesetzlich festgestellter Notwendigkeit, und unter der Bedingung gerechter und im voraus festgesetzter Entschädigung.

Frauen, erwacht! Die Sturmglocke der Vernunft ist auf der ganzen Welt zu hören; erkennt eure Rechte. Das mächtige Reich der Natur ist nicht mehr umgeben von Vorurteilen, Fanatismus, Aberglauben und Lügen. Die Fackel der Wahrheit hat alle Wolken der Dummheit und Usurpation vertrieben. Der versklavte Mann hat seine Kräfte vervielfacht. Er hat eurer Kräfte bedurft, um seine Ketten zu brechen. Nun er frei ist, ist er ungerecht gegen seine Gefährtin geworden. O Frauen! Frauen, wann hört ihr auf, blind zu sein? Welches sind die Vorteile, die ihr in der Revolution gewonnen habt? Ihr werdet noch mehr verachtet, noch mehr verhöhnt. In den Jahrhunderten der Korruption habt ihr über die Schwächen der Männer regiert. Euer Reich ist zerstört! Was bleibt euch noch? Die Überzeugung von der Ungerechtigkeit des Mannes, die Ansprüche auf euer Erbteil, die auf den weisen Gesetzen der Natur beruhen. Was habt ihr zu befürchten, bei einer so hoffnungsvollen Unternehmung? Das Bonmot des Höchsten Gesetzgebers während der Hochzeit von Kanaan? Befürchtet ihr, daß unsere französischen Gesetzgeber, Korrektoren der Moral, die sich lange Zeit in allen Zweigen der Politik eingenistet hatte, aber heute keinen Platz mehr hat, wiederholen könnten: Frauen, was gibt es Gemeinsames zwischen euch und uns? Alles, müßtet ihr darauf antworten. Wenn sie in ihrer Schwäche trotzig in ihrer Inkonsequenz verharren, im Widerspruch mit ihren eigenen Prinzipien, dann setzt mutig die Macht der Vernunft den eitlen Ansprüchen auf Superiorität entgegen. Vereinigt euch unter dem Banner der Philosophie, entfaltet alle eure Charakterstärke, und bald werdet ihr diese größenwahnsinnigen, nicht ergebenen Anbeter zu euren Füßen haben, nun aber stolz, die Schätze der Vernunft mit euch zu teilen. Welches auch die Barrieren sind, die man euch entgegenstellt, es ist in eurer Macht, euch zu befreien. Ihr müßt es nur wollen. Kommen wir nun zu dem schrecklichen Bild euer Situation in der Gesellschaft. Und da im Augenblick die Rede ist von einer Nationalerziehung, wollen wir sehen, ob unsere weisen Gesetzgeber auf gesunde Weise über die Erziehung der Frauen denken.

Frauen haben mehr Böses als Gutes getan. Auferlegte Zwänge und Heimlichkeiten waren ihr Teil. Was ihnen mit

nackter Gewalt entrissen war, haben sie sich mit List zurück-
genommen. Sie haben alle Mittel ihres Charmes eingesetzt,
und der ehrenwerteste Mann konnte ihnen nicht widerstehen.
Das Gift, der Stahl, alles stand ihnen zu Diensten. Sie befahlen
dem Verbrechen und der Tugend. Jahrhundertelang war
besonders die französische Regierung abhängig von der nächt-
lichen Administration der Frauen. Alle Geheimnisse des
Kabinetts kamen so in die Hände von Frauen; die Botschaft,
das Kommando des Heeres, Ministerien, Präsidentschaft,
Pontificat, Kardinalamt, kurzum alles was die Narretei der
Männer charakterisiert, sei es auf profanem oder sakralem
Gebiet; alles war der Begierde und Ambition dieses Geschlechts unterworfen, ein Geschlecht, früher verachtenswert,
doch respektiert, und seit der Revolution respektabel, aber
verachtet.

Wieviele Bemerkungen könnte ich nicht über diese Art
von Antithese machen. Ich habe nur einen Augenblick, aber
dieser Augenblick wird die Aufmerksamkeit der Nachwelt
bis in die fernste Zukunft erregen. Unter dem alten Regime
war alles untugendhaft, alles war schuldig. Doch konnte man
nicht im Kern des Übels selbst eine Verbesserung aufglimmen
sehen? Eine Frau brauchte nur schön und liebenswürdig zu
sein; besaß sie beide Vorteile, dann lagen ihr hundert Reichtümer zu Füßen. Profitierte sie nicht davon, dann hatte sie

einen bizarren Charakter oder eine außergewöhnliche Philosophie, die sie Reichtümer verachten ließ. Sie wurde dann nur noch als querulanter Kopf betrachtet. Die indezenteste Frau verschaffte sich Ansehen mit Gold. Der Frauenhandel war eine Art Unternehmung, die in den höchsten Kreisen zum guten Ton gehörte, die fortan kein Ansehen mehr genießt. Wenn der Frauenhandel noch besteht, ist die Revolution für uns verloren, und in den neuen Verhältnissen sind wir noch immer die Korrumpierten. Kann die Vernunft wirklich leugnen, daß jeder andere Weg, Einkommen zu erwerben, der Frau verschlossen ist; die Frau wird vom Mann gekauft wie ein Sklave an der Küste von Afrika. Der Unterschied ist groß, das weiß man. Der Sklave (Frau) befiehlt seinem Herrn. Doch wenn der Herr ihr ohne Entschädigung die Freiheit gibt, oder in einem Alter, da die Sklavin all ihren Charme verloren hat, was geschieht dann mit dieser Unglücklichen? Ein Spielball der Verachtung. Selbst die Türen des Armenhauses bleiben ihr verschlossen. Eine arme, alte Frau, sagt man. Warum hat sie ihre Chancen verspielt? Andere Beispiele kann ich auch noch nennen, bieten sich der Vernunft dar. Ein unerfahrenes Mädchen, verführt von einem Mann, den sie liebt, wird ihre Eltern verlassen, um ihm zu folgen. Der Undankbare verläßt sie nach ein paar Jahren. Seine Treulosigkeit ist umso unmenschlicher, je älter sie mit ihm geworden ist. Hat sie Kinder, verläßt er sie trotzdem. Ist er reich, fühlt er sich nicht verpflichtet, sein Vermögen mit seinen edlen Opfern zu teilen. Hat er Verpflichtungen auf sich genommen, dann bricht er sein Wort und hat das Gesetz auf seiner Seite. Ist er verheiratet, dann verliert jede andere Verpflichtung ihr Recht. Welche Gesetze müssen noch gemacht werden, um das Übel bei der Wurzel zu packen? Gesetze, die die Teilung des Vermögens zwischen Männer und Frauen regeln, von der öffentlichen Administration (angewandt). Es ist leicht einzusehen, daß diejenige, die aus einer reichen Familie kommt, bei gleicher Verteilung des Vermögens, besser dasteht. Aber wie sieht das Los eines verdienstlichen und tugendhaften Mädchens aus armer Familie aus? Armut und Schande. Ist sie in Musik oder Malerei nicht höchst brillant, dann ist ihr jede öffentliche Ausübung verschlossen, auch wenn sie alle Fähigkeiten dafür besitzt.

Ich will hier nur eine kurze Übersicht über die Zustände geben; in der neuen Ausgabe all meiner politischen Schriften, die ich in einigen Tagen mit Anmerkungen versehen, zu veröffentlichen hoffe, werde ich gründlicher darauf eingehen. Kommen wir zurück auf die Sitten. Die Ehe ist das Grab des Vertrauens und der Liebe. Eine verheiratete Frau kann ihrem Mann ungestraft Bastarde geben, und den Bastarden ein Vermögen, das ihnen nicht gehört. Eine unverheiratete Frau hat kaum Rechte: Alte und unmenschliche Gesetze verweigern ihr das Recht, zu Gunsten ihrer Kinder Ansprüche auf Namen und Erbteil der Väter geltend zu machen, und neue Gesetze sind noch nicht gemacht. Wenn die Zuerkennung einer ehrenhaften und gerechten Lebensgrundlage an mein Geschlecht zu diesem Zeitpunkt von anderen als ein Paradox betrachtet wird, als ob ich etwas Unmögliches wollte, dann überlasse ich es dem Ruhm zukünftiger Menschen, diese Materie zu behandeln. Aber, inzwischen können wir das durch die nationale Erziehung, durch die Wiederherstellung der Sitten und durch die ehelichen Konventionen vorbereiten.

OLYMPE DE GOUGES, 1791

DER KRANKE NACHBAR
RECHNET AUF MICH

In einem Dorfe auf der dänischen Insel Fühnen im baltischen
Meere kam im Jahre 1770 Feuer auf. Unter den zum Löschen
herbei geeilten Personen befand sich auch ein Bauer, dessen
ganzes Vermögen in einem kleinen Hause bestand. Unglück-
licherweise griff das Feuer so schnell um sich, daß dieses
Bauers Häuschen selbst anfieng, in Brand zu gerathen. Als
man ihn hievon benachrichtigte, damit er doch wenigstens
sein Hausgeräthe noch rette, fragte er zuvörderst: wie es um
seines Nachbars Haus stehe? Und da man ihm antwortete,
daß auch dieses schon von den Flammen ergriffen sey, sagte
er: »So muß ich eilen, um meinen Nachbar zu retten, welcher
krank und außer Stande ist, sich selbst zu helfen; denn ich
bin gewiß, daß er auf mich rechnet.« – Sogleich eilt er, mit
Vorbeigehung seines eigenen Hauses, nach dem Hause des
Unglücklichen. Schon hatte die Flamme das Bett desselben
erreicht. Ein brennender Balke drohte über ihn herabzu-
stürzen. Ohne sich dadurch abschrecken zu lassen, dringt er
durch Rauch und Dampf hindurch, nimmt den Kranken
auf die Schulter, und bringt ihn glücklich in Sicherheit.

Die ökonomisch-philantropische Gesellschaft in Kopenhagen, gerührt von dieser seltenen Handlung der Menschenliebe, schickte diesem Bauern einen silbernen Becher voll dänischer Thaler. Der Knopf des Deckels war mit einer Bürgerkrone geziert, an deren zwei Seiten Medaillons angebracht waren, auf welchen diese Handlung mit wenigen Worten eingegraben war. Mehrere Einwohner dieser Hauptstadt schickten ihm Geschenke zu, um ihn wegen des Verlustes seines Hauses und seiner Mobilien einigermaßen schadlos zu halten.

DER EDLE FÜRST
UND DER EDLE MÜLLER

Der Fürst von Caserta wurde einst auf einer Reise, die er durch Italien machte, durch eine schnelle und fürchterliche Ueberschwemmung aufgehalten, und ward hiebei Augenzeuge von dem Unglück, welches eben dadurch viele Menschen erlitten. Am meisten gieng ihm aber das Schicksal einer Familie zu Herzen, die ihrem Untergang nahe war. Entschlossen, die Rettung dieser Unglücklichen, wenn es nur immer möglich wäre, zu bewirken, bot er einem Müller, den er zufälligerweise traf, 200 Dukaten an, wenn er es wagen würde, jene Familie der Gefahr des Todes zu entreißen.

Nach einigem Bedenken und auf die wiederholte Aufforderung des Fürsten, welcher die angebotene Summe noch um 100 Dukaten erhöhte, eilt der Müller den Unglücklichen entgegen, deren Jammergeschrei und Händeringen die Größe ihrer Gefahr verkündete. Glücklich arbeitet er sich durch das empörte Element, und es gelingt ihm, nach und nach Alle in Sicherheit zu bringen.

Als er mit der Rettung des Letzten beschäftigt war, sagte er: »Endlich seyd ihr, Gott sey Dank! Alle gerettet.« Der Fürst, ganz außer sich vor Freude, eilte dem edlen Retter entgegen. »Nimm hier diese 300 Dukaten, und da keine gute Handlung genug belohnt werden kann, so verspreche ich dir noch dreihundert.« – »Gnädiger Herr!« – (antwortete der Müller, indem er das Geschenk ablehnte) – »erlauben Sie, daß ich mich gegen Sie erkläre!« – »Rede, Freund, ... bist du vielleicht nicht zufrieden?« – »Euer Hoheit denken schlecht von mir!« – sagte hierauf der Müller. – »Sie haben mir ein Vergnügen verschafft, für das ich Ihnen nicht genug danken kann; ich schätze mich in diesem Augenblicke für den glücklichsten Sterblichen! Mir gelang es, diesen Leuten das Leben zu erhalten. Ich fühlte es anfänglich nicht, wie willkommen mir derjenige wäre, der mich retten würde, wenn ich in einer solchen Lage mich befände. Ich habe aber nachgedacht, und ... ich genoß ein unbeschreibliches Vergnügen! nun hätte ich Sie um ein neues Vergnügen zu bitten.« – »Rede, ich will Dir Alles herzlich gerne bewilligen, wenn es anders von mir abhängt,« – antwortete der Fürst. – »O ja, gnädiger Herr!« – erwiederte der Müller – »Sie können es. Ob ich schon arm bin, däucht's mich doch, daß diese Unglücklichen noch ärmer seyen; ich bitte daher Euer Hoheit, die Summe, die Sie so gnädig waren, mir anzubieten, ihnen zukommen zu lassen!« Der Fürst, welchen sein

Gefühl ganz hinriß, stürzte sich in die Arme des Müllers, und rief: »Freund, du bist größer als ich!« Er gab dem Verlangen des edelmüthigen Wohlthäters nach, und vertheilte die Dukaten unter die Familie, welche aus Dankbarkeit bald des Fürsten, bald des Müllers Kniee umfaßten. Der Fürst wandte sich dann an den Retter mit folgenden Worten: »Würdiger Mann! kommt mit mir, Ihr sollt die Auszeichnung genießen, die Ihr verdient; ich will Euer Schicksal verbessern.« Der Müller sagte ihm, daß er Kinder habe. »Nun, ich will sie sehen.« – Der Fürst besuchte hierauf die arme Hütte des rechtschaffenen Müllers, umarmte dessen Kinder, die sich vor ihm auf die Kniee warfen, und hob sie auf; ihre Mutter war nicht lange zuvor gestorben; er führte den Vater nebst den Kindern nun mit sich in sein Schloß, verschaffte ihnen einen Adelsbrief, und überhäufte sie mit den größten Wohlthaten.

Bei seinen Gastmahlen machte der Fürst sich eine Freude daraus, den Müller häufig an seiner Tafel zu haben, und ließ ihn jedesmal an seiner Seite sitzen. Verschiedene Vornehme wunderten sich und bezeugten ihm öfters ihr Mißfallen über die allzugenaue Verbindung zu diesem Manne, welche sie als eine Entehrung seiner Geburt ansahen.

»Liebe Freunde!« – sagte ihnen der Fürst, der dieser Vorwürfe endlich müde wurde – »wir sind unsere Größe unsern Vätern, und ohne Zweifel einem gewissen Vertrage schuldig, diesen Mann aber hat die Natur durch sein Herz groß gemacht; wir wollen daher stolz darauf seyn, wenn er uns nur für seinesgleichen anerkennen will.«

ES FREUT MICH,
WENN EIN GUTER MENSCH
EIN KLEIDUNGSSTÜCK
VON MIR TRÄGT

Der im Mai 1789 zu Göttingen verstorbene Professor der
Theologie, Dr. Johann Peter Miller, war ein Religionslehrer,
der mit Recht von sich hätte sagen können: »thut nicht allein
nach meinen Worten, sondern auch nach meinen Handlungen!« – wofern die Bescheidenheit, die ihm eigen war, einen
solchen Gedanken in seiner Seele hätte aufkeimen lassen
können.

Die auf der dortigen Universität damals studirenden Jüng-
linge, reiche und arme, die sich an diesen Mann wandten,
fanden an ihm nicht blos einen einflußreichen Gönner und
großen Gelehrten, sondern es war Jedem bei ihm zu Muthe,
als hätte er seinen leiblichen Vater in ihm wieder gefunden;
so liebreich und treuherzig war er in seinem, übrigens höchst
lehrreichen und erbaulichen, Umgange. Seine Vorlesungen
gab er Jedem frei, der es verlangte, und das Wenige, das er an
Honorarien (Geldern für die Vorlesungen) erhielt, schenkte

er der Witwenkasse. Einst bemerkte er, daß einer seiner Zuhörer immer mit sehr schlechten Beinkleidern in seinem Hörsaale erschien. Mit väterlicher Besorgniß, ob nicht eine von liederlicher Lebensart herrührende Armuth die Ursache davon sey, ließ er denselben zu sich kommen, und befragte ihn insgeheim nach seinen Umständen.

Da er hörte, daß Armuth die einzige Quelle seines schlechten Anzuges sey, so schenkte er ihm ein paar Beinkleider, die er sich kurz zuvor hatte machen lassen, mit der freundlichen Anrede: »Es gewährt mir immer eine besondere Freude, wenn ein guter Mensch ein Kleidungsstück von mir trägt. Machen Sie mir diese Freude!« Der Student fand in der Tasche, in einem alten Stückchen Papier, einen Doppellouisd'or. Die Umstände machten es wahrscheinlich, daß Miller von diesem Goldstück nichts wußte; aber der ehrliche Jüngling eilte, das Gefundene dem rechtmäßigen Eigenthümer wieder zu geben.

Statt das Goldstück anzunehmen, sprach dieser mit dem Ausdruck des herzlichsten Wohlwollens: »Ich habe einige schriftliche Ausarbeitungen von Ihnen gelesen, die von Ihren vorzüglichen Geistesgaben zeugen. Um so mehr freue ich mich jetzt, daß Ihr Herz Ihrem Kopfe keine Schande macht. Von nun an werde ich als Vater gegen Sie handeln. Der Doppellouisd'or ist zu einem Kleide für Sie bestimmt; und hier nehmen Sie noch dieses Geld, wovon Sie sogleich das Nöthige in Ihrer bisherigen Wohnung berichtigen, und von morgen an in meinem Hause unentgeldliche Kost und Wohnung nehmen können.«

Wem gute Werke
mehr gelten als seine
Weisheit, dessen
Weisheit bleibt
bestehen. Und wem
Weisheit mehr gilt als
seine guten Werke,
dessen Weisheit wird
vergehen.

TALMUD

DIE SCHWERE KUNST,
ZU TRÖSTEN

Die einzige geliebte Tochter der Frau v. Buchwald (so erzählt
Gotter in einer kleinen, ihrem Andenken bestimmten Schrift)
verband sich im Jahre 1762 mit dem Grafen v. Werhern, königl.
preußischer Staatsminister. Aber kaum hatte die junge Gattin
ein Jahr die Pflichten ihres neuen Standes kennen gelernt, als
sie durch den Tod hinweggerissen wurde. Die Ursache dieses
schnellen Todes war ein verschluckter Knochen, den sie am
neunzehnten Tage unter heftigem Bluterbrechen wieder von
sich gab. Ihre Mutter, Frau v. Buchwald, war gerade damals
kränklich, und man hatte ihr nicht erlauben wollen, ihre
Tochter zu besuchen. Bei'm Einbruche der Nacht aber vermochte kein Zureden mehr, die Unruhe ihres Herzens zu
überwältigen. Sie verlangte eine Sänfte, und ließ sich hin-
tragen. Auf der Treppe begegnete sie einem Bedienten; sie
fragte nach dem Zustande der Kranken; der Mensch erschrickt
und verstummt. – »Sie ist todt! Mein Herz sagt es mir, sie ist
todt;« mit diesen Worten eilt sie in's Zimmer. Die Anwesenden
wollten sie zurückhalten: sie dringt bis zu dem Bette – der
bereits in die unsichtbare Welt hingeschiedenen Tochter,

ergreift ihre kalte Hand, drückt sie an ihr Herz, sinkt auf ihre Kniee nieder, und ruft im feierlichen Tone: »Der HErr hat dich gegeben; der HErr dich genommen, der Name des HErrn sey gelobet!« Dann erhebt sie sich, geht in's Nebenzimmer, wirft sich auf das Sopha, und betet leise. Niemand hat den Muth, sich ihr zu nähern. Endlich beschwor man sie, an ihre Erhaltung zu denken, und sich in das Schloß (die Gräfin v. Werthern wohnte in Gotha, und die Frau v. Buchwald in dem in einiger Entfernung von der Stadt stehenden herzoglichen Schlosse) zurückbringen zu lassen. Sie gibt nach; ohne eine Thräne zu vergießen, und ohne eine Sylbe zu sprechen, geht sie durch das Nebenzimmer in das Sterbezimmer, sieht ihr geliebtes Kind, und setzt sich wieder in die Sänfte. Die Nacht war schrecklich; sie schloß kein Auge; und ihre Seele schien in düsterer Schwermuth verloren. Man fieng an, ihr zuzusprechen, und – wie man es nennt – sie zu trösten; aber sie verbat sich allen Zuspruch, und wählte das einsamste Zimmer, das sie hatte. Am andern Tage erschien die Herzogin von Gotha. Thränen erstickten ihre Worte; sie setzte sich an ihr Bett, und schluchzte laut: »Arme, arme Mutter« (das war Alles, was sie sagen konnte), »Sie haben viel, viel unaussprechlich viel verloren!« Ihr Gesicht zeigte die herzlichste Theilnahme, und mit Rührung drückte sie ihre Hand an sich. – Dieser Anblick erleichterte das beklemmte Mutterherz;

sie weinten gemeinschaftlich. Ein Gleiches geschieht bei'm zweiten Besuche. Erst am dritten Tage versucht es die weise Menschenkennerin, nicht der lebenden Trostgründe aufzudringen, sondern nur ihre Phantasie unmerklich auf andere Gegenstände zu lenken. Dann erst, als dieß ihr gelungen war, benützte sie ihre eigene bessere Stimmung zu ihrer Beruhigung, und wahre kindliche Ergebung und Fassung waren die Früchte dieser weisen Behandlung!

HERZ, MEIN HERZ

Herz, mein Herz, sei nicht beklommen
und ertrage dein Geschick.
Neuer Frühling gibt zurück,
was der Winter dir genommen.

Und wie viel ist dir geblieben,
und wie schön ist doch die Welt!
Und mein Herz, was dir gefällt,
alles, alles darfst du lieben!

HEINRICH HEINE

Der Mensch soll
schon der Neugierde
wegen leben.

WIE ZU EINEM BRUDER

Oh, daß ich zu Dir kommen dürfte,
wie zu einem Bruder!
Ganz leise und gläubig
wie zu einem Bruder!

Du kennst die sonnenseligen
Sagen meiner Augen.

Du würdest gut sein.

Du würdest Goldaurikel
mit sammetweichen Schleppen
in die Bogenfenster
Deines Hauses stellen,
wenn Schmerzenswolken
mein Herz umdunkelten.

Du würdest weiße, träumende Waldanemonen,
die ich so liebe,
über Teppiche und Diele streun.

Waldanemonen!

Alle meine jungen Sommer
verschliefen sich in ihren Kelchen.

Darum ist mein Herz so verwandert.

Pfingstbirken rauschen auf,
wohin es geht.
Und heißen doch
seiner Kindheit treusame Gespielen schon.
Schlaf, Mariengarn, rostroter Blätterwald.

Das macht, daß ich leide.

Oh, wie gut würdest Du sein!

Alle weichen Wege münden in Deine Hand.

- - - - - - - - - hingehen

wie zu einem Bruder, - -
wie zu einem Bruder.

FRIDA BETTINGEN

AUSNAHMEN ZUR REGEL DES KRIEGES

ANEKDOTE AUS DEM LETZTEN PREUSSISCHEN KRIEGE

In einem bei Jena liegenden Dorf, erzählte mir, auf einer Reise nach Frankfurt, der Gastwirth, daß sich mehrere Stunden nach der Schlacht, um die Zeit, da das Dorf schon ganz von der Armee des Prinzen von Hohenlohe verlassen und von Franzosen, die es für besetzt gehalten, umringt gewesen wäre, ein einzelner preußischer Reiter darin gezeigt hätte; und versicherte mir, daß wenn alle Soldaten, die an diesem Tage mitgefochten, so tapfer gewesen wären, wie dieser, die Franzosen hätten geschlagen werden müssen, wären sie auch noch dreimal stärker gewesen, als sie in der That waren. Dieser Kerl, sprach der Wirth, sprengte, ganz von Staub bedeckt, vor meinen Gasthof, und rief: »Herr Wirth!« und da ich frage: was giebt's? »ein Glas Branntewein!« antwortet er, indem er sein Schwerdt in die Scheide wirft: »mich dürstet.« Gott im Himmel! sag' ich: will er machen, Freund, daß er wegkömmt? Die Franzosen sind ja dicht vor dem Dorf! »Ei, was!« spricht er, indem er dem Pferde den Zügel über den Hals legt. »Ich habe den ganzen Tag nichts genossen!« Nun er ist, glaub' ich, vom Satan besessen –! He! Liese! rief ich, und schaff' ihm eine Flasche Danziger herbei, und sage: da! und will ihm die ganze Flasche in die Hand drücken, damit er nur reite. »Ach, was!« spricht er, indem er die Flasche wegstößt, und sich den Hut abnimmt: »wo soll ich mit dem Quark hin?« Und: »schenk' er ein!« spricht er, indem er sich den Schweiß von der Stirn abtrocknet: »denn ich habe keine Zeit!« Nun er ist ein Kind des Todes, sag' ich. Da! sag' ich, und schenk' ihm ein; da! trink' er und reit' er! Wohl mag's ihm bekommen: »Noch Eins!« spricht der Kerl; während die Schüsse schon von allen Seiten ins Dorf prasseln. Ich sage: noch Eins? Plagt ihn –! »Noch Eins!« spricht er, und streckt mir das Glas hin – »Und gut gemessen« spricht er, indem er sich den Bart wischt, und sich vom Pferde herab schneuzt: denn es wird baar bezahlt!« Ei, mein Seel, so wollt ich doch, daß ihn –! Da! sag' ich, und schenk' ihm noch, wie er verlangt, ein Zweites, und schenk' ihm, da er getrunken, noch ein Drittes ein, und frage: ist er nun zufrieden? »Ach!« – schüttelt sich der Kerl. »Der Schnaps ist gut! – Na!« spricht er, und setzt sich den Hut auf: »was bin ich schuldig?« Nichts! nichts! versetz' ich. Pack' er sich, ins Teufelsnamen; die Franzosen ziehen augenblicklich ins Dorf! »Na!« sagt er, indem er in seinen Stiefel greift: »so solls ihm Gott lohnen,« und holt, aus dem Stiefel, einen Pfeifenstummel hervor, und spricht, nachdem er den Kopf ausgeblasen:

»schaff' er mir Feuer!« Feuer? sag' ich: plagt ihn –? »Feuer, ja!«
spricht er: »denn ich will mir eine Pfeife Taback anmachen.«
Ei, den Kerl reiten Legionen –! He, Liese, ruf ich das Mädchen!
und während der Kerl sich die Pfeife stopft, schafft das Mensch
ihm Feuer. »Na!« sagt der Kerl, die Pfeife, die er sich ange-
schmaucht, im Maul: »nun sollen doch die Franzosen die
Schwerenoth kriegen!« Und damit, indem er sich den Hut in
die Augen drückt, und zum Zügel greift, wendet er das Pferd
und zieht von Leder. Ein Mordkerl! sag' ich; ein verfluchter,
verwetterter Galgenstrick! Will er sich ins Henkers Namen
scheeren, wo er hingehört? Drei Chasseurs – sieht er nicht?
halten ja schon vor dem Thor? »Ei was!« spricht er, indem er
ausspuckt; und faßt die drei Kerls blitzend ins Auge. »Wenn
ihrer zehen wären, ich fürcht mich nicht.« Und in dem Augenblick reiten auch die drei Franzosen schon ins Dorf. »Bassa
Manelka!« ruft der Kerl, und giebt seinem Pferde die Sporen
und sprengt auf sie ein; sprengt, so wahr Gott lebt, auf sie ein,
und greift sie, als ob er das ganze Hohenlohische Corps hinter
sich hätte, an; dergestalt, daß, da die Chasseurs, ungewiß, ob
nicht noch mehr Deutsche im Dorf sein mögen, einen Augenblick, wider ihre Gewohnheit, stutzen, er, mein Seel', ehe
man noch eine Hand umkehrt, alle drei vom Sattel haut, die
Pferde, die auf dem Platz herumlaufen, aufgreift, damit bei
mir vorbeisprengt, und: »Bassa Teremtetem!« ruft, und:

»Sieht er wohl, Herr Wirth?« und »Adies!« und »auf Wieder-
sehn!« und: »hoho! hoho! hoho!« – – So einen Kerl, sprach der
Wirth, habe ich Zeit meines Lebens nicht gesehen.

LIEBER WILL ICH MICH UMBRINGEN LASSEN, ALS MEINE GÄSTE PREISGEBEN

Bei dem bekannten Einfall, welchen die Franzosen im J. 1793 in Frankfurt am Main, von wo sie aber bald wieder verdrängt wurden, gemacht hatten, zeichnete sich die Frau eines ziemlich dürftigen Bürgers und Gärtners, Peter Theobaldus, in der Vorstadt Sachsenhausen besonders aus. In dieses ihr kleines, dicht am Walle gelegenes Häuschen, hatten sich, als die Hessen vom Affenthore herein auf den Wall zu drangen, 32 Franzosen, Nationalgarden und Linientruppen, durch's Fenster hinein geflüchtet, da gerade weder sie, noch ihr Mann, noch sonst Jemand sich zu Hause befanden. Mit nicht geringer Verwunderung traf sie bei ihrer Heimkunft diese Gäste an, welche inständig und mit kläglichen Geberden sie um Schutz und verborgenen Aufenthalt in ihrem Hause baten. Sie versprach es ihnen, gab aber eine goldene Uhr und Geldbörse, welche ihr ein Offizier anbot, mit Unwillen zurück. Indeß ward es aber von einigen Nachbarn verrathen, daß sich Franzosen in dieses Haus geflüchtet hätten, worauf sogleich ein hessischer Offizier mit einem Kommando kam, und deren

Auslieferung verlangte. Doch unerschrocken trat die Wirthin nebst ihrem Manne vor die Hausthüre, und schwur, sich lieber umbringen zu lassen, als jetzt sie herauszugeben. »Es sind unsere Feinde,« – sagte sie – »aber kommt erst in einer Stunde wieder, wenn sich eure Mordlust abgezählt haben wird; aber versprecht ihr mir gleich jetzt, ihnen kein Leid zu thun, sondern sie als Kriegsgefangene zu behandeln, so sollt ihr sie haben.« – Die Unerschrockenheit dieser Frau gefiel dem hessischen Offizier; er bestand zwar noch einige Minuten auf unbedingter Auslieferung; doch da die Frau auf ihrer Rede blieb, versprach er ihr Schonung der Gefangenen, und hielt auch Wort. Er selbst sowohl als auch die Franzosen wollten nochmals diesem rechtschaffenen Weibe ein ansehnliches Geschenk machen; aber sie schlug es wieder aus, schickte hingegen ihren Sohn noch bis zum Thore den Gefangenen nach, um zu sehen, ob ihnen auch wirklich nichts Feindliches widerfahre und sie freute sich, als sie hörte, daß sie ganz ungekränkt geblieben seyen.

SCHUHE IN DER WÜSTE

Bei einem Rückzugsgefecht, das eine deutsche Kompanie nach Aufrollung der palästinensischen Front am 29. September 1918 den nachdrängenden Australiern vor den Toren von Damaskus lieferte, wurden einige Australier zu Gefangenen gemacht. Ein Deutscher, dessen Schuhwerk bei den Märschen der letzten Tage schlecht geworden war – die Sohle hatte sich teilweise vom Oberleder gelöst – wollte seine defekten Schuhe mit den guterhaltenen eines Gefangenen wechseln. Der Kompanieführer verbot es ihm mit der Bemerkung, daß solch ein Verhalten einem Gefangenen gegenüber nicht ritterlich sei.

Tags darauf schon gerieten die Deutschen in die Gefangenschaft der Engländer. Der Mann mit den schadhaften Schuhen kam auf dem Marsche nach dem Gefangenenlager in ein Feldstück, das ringsum mit Disteln bestanden war. Jeder Schritt, den er machte, mußte ihm Schmerzen verursachen. Ein Mann der englischen Begleitmannschaften sah es. Er trat hinzu, nahm den Mann auf den Rücken und trug ihn huckepack aus der Distelpartie heraus.

LEOPOLD ZUNTZ, KAUFMANN, FRANKFURT A. M.

AU REVOIR

Es war nach der ersten Offensive 1918: la Fère bis Noyon. Ich war Krankenträger der Sanitätskompagnie 16 A. K., die den Dienst bei der 33. I. D. versah. Meine Kompagnie bezog am 24. März in Guiscourt Quartier und richtete dort den Verbandsplatz ein. Die Nacht durften wir schlafend verbringen. Am nächsten Morgen bekamen wir Befehl, nach vorne zu gehen und Verwundete, welche in der Kathedrale von Noyon lagen, zum Verbandsplatz, etwa zehn Kilometer, zu tragen. Die Verwundeten lagen in der Krypta der Kathedrale. Wir machten uns auf den Weg und wurden unterwegs mit schwerem Granatfeuer überschüttet. Als wir nach Noyon hereinkamen, bot sich uns ein schreckliches Bild. Die Hauptstraße, die zur Kathedrale führte, lag voller Tote. Die Verwundeten, meistens Franzosen, waren an die Wand der Häuser gesetzt worden, damit sie von den Geschützen nicht zermalmt würden. Trotzdem lagen viele Tote zerquetscht auf dem Fahrweg. Wir marschierten im Eiltempo durch die Straßen, da dauernd Granaten durch die Dächer schlugen. Plötzlich sahen wir auf dem Trottoir einen schwer verwundeten Franzosen sitzen, der erbärmlich jammerte. Er hatte sich ein Unterbett aus einem Hause untergelegt; war aber fast verblutet. Ich sagte zu meinem Feldwebel: »Kalweit, ich nehme den Franzmann mit, er kann noch verbunden werden.« Der Feldwebel sagt: »Mach's auf deine Gefahr, aber sei gleich in der Kathedrale.« Ich sprang nun zu dem armen Kerl, der einen schweren Bein-schuß mit Fraktur hatte. Er sagte mir, daß er bereits seit gestern liege; andere Soldaten hätten ihm schon Bettzeug untergelegt, ihn aber nicht mitgenommen. Als ich ihn auf meinen Buckel hob, schrie er mächtig; doch sagte er noch, er habe noch unter dem Bettzeug einen Sandsack voll Lebens-mittel liegen. Diesen trug ich auch noch. Bis zur Kathedrale war es wohl ein Kilometer. Mir wurde der Transport doch entsetzlich schwer, zumal ständig Granaten in die Häuser schlugen und die Balken durch die Luft flogen. Am Marktplatz von Noyon machten wir ein wenig Rast. Dort sah ich ein Pferd stehen, welches den Unterkiefer abgeschossen hatte. Der Unterkiefer hing noch an der Haut. Das Pferd war ange-bunden und stand im Granatfeuer. Ich kombinierte, daß ein Kanonier sein Pferd im Stich gelassen hatte. Der Franzose zeigte auf meinen Revolver und auf das Pferd. Ich lief hin und schoß dem Tier mehrere Kugeln in den Kopf, bis es tot war. Dann nahm ich meinen Franzosen wieder auf den Rücken und trug ihn bis zur Kathedrale in die Krypta. Dort lagen be-reits etwa 200 Schwerverwundete. Ein jüdischer Arzt spielte auf der Orgel das Lied »O Haupt voll Blut und Wunden«. Ich wollte mich von meinem Franzosen verabschieden, doch hielt er mich fest und packte seinen Sandsack aus. Es war darin: eine Flasche Sekt, ein halbes Pfund Butter, ein Weißbrot, Schokolade und viele Zigaretten. Wir haben den Bestand ehrlich geteilt; die Flasche Sekt zusammen getrunken. Dann sorgte ich noch, daß er mit zum Verbandsplatz kam. Hundertmal sagte er: » Merci camarade, au revoir.«

HEINRICH WEINDORF, KAUFMANN, WITTEN/RUHR

roße Gefahren
haben das Schöne,
daß sie Brüder-
lichkeit von Fremden
ans Licht bringen.

VICTOR HUGO

WAFFENSTILLSTAND
IM WALD

Es war Heiligabend, und um unsere winzige Hütte herum tobte die letzte verzweifelte deutsche Offensive des Zweiten Weltkriegs. Plötzlich klopfte es an der Tür ...

Als wir an jenem Heiligabend im Jahr 1944 das Klopfen an unserer Tür hörten, hatten weder meine Mutter noch ich die geringste Ahnung von dem stillen Wunder, das uns bevorstand. Ich war damals 12 Jahre alt und wir lebten in einem kleinen Häuschen im Hürtgenwald, nahe der deutsch-belgischen Grenze. Mein Vater hatte vor dem Krieg an Jagdwochenenden oft in der Hütte übernachtet; und nachdem alliierte Bomber unsere Heimatstadt Aachen teilweise zerstört hatten, schickte er uns dorthin, um dort Schutz zu suchen. Er war zur Feuerwache des Zivilschutzes in der sechs Kilometer entfernten Grenzstadt Monschau beordert worden.

»Im Wald bist du in Sicherheit«, hatte er mir gesagt. »Pass auf Mutter auf. Jetzt bist du der Mann der Familie.« Doch neun Tage vor Weihnachten hatte Feldmarschall von Rundstedt die letzte verzweifelte deutsche Offensive des Krieges gestartet, und als ich nun zur Tür ging, tobte überall um uns herum die Ardennenoffensive. Wir hörten das unaufhörliche Dröhnen der Feldgeschütze; Flugzeuge schwebten ununterbrochen über ihnen; Nachts stachen Suchscheinwerfer durch die Dunkelheit. Tausende alliierte und deutsche Soldaten kämpften und starben in der Nähe.

Als es zum ersten Mal klopfte, blies Mutter schnell die Kerzen aus; als ich das Klopfen erwidern wollte, trat sie vor mich und öffnete langsam die Tür. Draußen standen wie Phantome vor den schneebedeckten Bäumen zwei Männer mit Stahlhelmen. Einer von ihnen sprach in einer Sprache, die ich nicht verstand, auf Mutter ein und zeigte auf einen dritten Mann, der im Schnee lag. Sie wusste vor mir, dass es sich bei den Männern um amerikanische Soldaten handelte.

Mutter stand still und regungslos da, und ich spürte schwer ihre Hand auf meiner Schulter. Die Männer waren bewaffnet und hätten sich den Zutritt erzwingen können, doch sie standen unsicher da und fragten mit ihren Augen. Und der Dritte, der regungslos im Schnee lag, schien eher tot als lebendig zu sein. »Kommt rein«, sagte Mutter schließlich mit einer einladenden Geste. »Kommt herein.« Die Soldaten trugen ihren Kameraden hinein und legten ihn auf mein Bett.

Keiner von ihnen verstand Deutsch. Mutter versuchte es mit Französisch, und einer der Soldaten verstand sie und sprach sogar selbst ein wenig Französisch. Meine Mutter begann sich um den Verwundeten zu kümmern und sie sagte zu mir: »Die Finger der beiden anderen sind taub. Zieh ihnen die Mäntel und Stiefel aus und hol mir bitte einen Eimer Schnee.« Bald darauf rieb ich ihre blauen Füße damit ein.

Wir erfuhren, dass der stämmige, dunkelhaarige Kerl Jim hieß; sein Freund, groß und schlank, war Robin. Harry, der Verwundete, schlief jetzt auf meinem Bett, sein Gesicht war weißer als der Schnee, der draußen die Nacht erhellte. Die Drei hatten ihr Bataillon verloren und waren drei Tage lang auf der Suche nach ihren Kameraden durch den Wald geirrt und hatten sich vor den Deutschen versteckt. Sie waren unrasiert, aber ohne ihre dicken Mäntel sahen sie aus wie große Jungs. Und genauso begann meine Mutter sie zu behandeln.

Und an mich gerichtet sagte sie: »Geh und hol Hermann. Und bring sechs Kartoffeln mit.«

Dies war eine gravierende Abweichung von unseren vorweihnachtlichen Plänen. Hermann war der dicke Hahn (benannt nach dem beleibten Hermann Göring, für den Mutter wenig Zuneigung empfand), den wir wochenlang gemästet hatten, in der Hoffnung, dass Vater zu Weihnachten zu Hause sein würde. Aber nachdem es sich abgezeichnet hatte, dass

Vater es nicht schaffen würde, hatte meine Mutter beschlossen, dass Hermann noch ein paar Tage leben sollte, für den Fall, dass er über Neujahr nach Hause kommen konnte. Jetzt hatte sie ihre Meinung erneut geändert; Hermann würde einem unmittelbaren, dringenden Zweck dienen.

Während Jim und ich beim Kochen halfen, kümmerte sich Robin um Harry. Ein Schuss hatte ihn in den Oberschenkel getroffen und er drohte zu verbluten. Mutter riss ein Bettlaken in lange Streifen, um die Wunde zu verbinden.

Bald drang der verlockende Geruch von Brathähnchen in unser Zimmer. Ich deckte gerade den Tisch, als es erneut an der Tür klopfte. In der Erwartung, noch mehr verirrte Amerikaner vorzufinden, öffnete ich ohne zu zögern die Tür. Aber vor mir standen vier Soldaten, gekleidet in Uniformen, die mir nach fünf Jahren Krieg sehr vertraut waren. Es waren Angehörige der Wehrmacht!

Ich war wie gelähmt vor Angst. Obwohl ich noch ein Kind war, wusste ich, dass die Unterbringung feindlicher Soldaten als Hochverrat galt, auf den die Todesstrafe stand! Auch meine Mutter hatte Angst. Ihr Gesicht war bleich, aber sie trat an die Tür und sagte leise: »Fröhliche Weihnachten.« Die Soldaten erwiderten ihren Gruß. »Wir haben unser Regiment verloren und möchten auf den Tag warten«, erklärte uns einer von ihnen. »Können wir uns hier ausruhen?«

»Natürlich«, antwortete meine Mutter mit einer Ruhe, die aus Panik entstand. »Man kann auch gut und warm essen und zwar so lange, bis der Topf leer ist.« Die Deutschen lächelten, als sie den Duft, der durch die halb geöffnete Tür nach draußen drang, schnupperten. »Aber«, fügte Mutter bestimmt hinzu, »wir haben noch andere Gäste, die Sie vielleicht nicht als Freunde betrachten.« Jetzt war ihre Stimme plötzlich bestimmt und so streng, wie ich sie nie zuvor gehört hatte. »Heute ist Heiligabend und es wird hier nicht geschossen.«

»Wer ist da drinnen?« verlangte der Unteroffizier. »Amerikaner?«

Mutter blickte in jedes der frostgekühlten Gesichter. »Hört zu«, sagte sie langsam. »Ihr könntet meine Söhne sein, und ebenso ist es mit den drei anderen. Ein Junge mit einer Schusswunde, der um sein Leben kämpft, und seine beiden Freunde, verloren wie ihr und genauso hungrig und erschöpft. Für diese eine Nacht«, sie wandte sich an den Feldwebel und hob ihre Stimme ein wenig, »vergessen wir das Töten.«

Der Feldwebel starrte sie an und in diesem bedrohlichen Augenblick der Stille klatschte meine Mutter in die Hände und befahl mehr als sie sprach: »Genug geredet! Legt eure Waffen hier auf den Holzstapel und beeilt euch, das Essen ist gleich fertig.«

Benommen legten die vier Soldaten ihre Waffen auf den Brennholzstapel neben der Tür: drei Karabiner, ein leichtes Maschinengewehr und zwei Panzerfäuste. Währenddessen sprach Mutter mit Jim. Er übersetzte ihre Worte auf Englisch, und zu meinem Erstaunen sah ich, wie auch die Amerikaner ihre Waffen an Mutter übergaben. Und während sich die Deutschen und Amerikaner in dem kleinen Raum belauerten und angespannt die Ellbogen rieben, lief meine Mutter zur Höchstform auf. Sie schenkte jedem von ihnen ihr Lächeln und versuchte, für jeden einen Platz zu finden. Wir hatten nur drei Stühle, aber Mutters Bett war groß und zwei der Neuankömmlinge platzierte sie direkt neben Jim und Robin.

Trotz der angespannten Atmosphäre bereitete Mutter das Abendessen weiter vor. Doch der dicke Hermann würde nicht noch fetter werden, und jetzt mussten vier Mäuler mehr gefüttert werden. »Schnell«, flüsterte sie mir zu, »hol noch mehr Kartoffeln und Haferflocken.« Diese Männer sind hungrig, und hungernde Männer sind wütend.«

Während ich in der Vorratskammer herumstöberte, hörte ich Harry stöhnen. Als ich zurückkam, hatte einer der Deutschen seine Brille aufgesetzt, um die Wunde des Amerikaners zu untersuchen. »Gehören Sie zum Sanitätskorps?« fragte ihn Mutter. »Nein«, antwortete er. »Aber ich habe bis vor ein paar Monaten in Heidelberg Medizin studiert. Dank des klaren

Winterwetters,« erklärte er den Amerikanern in tadellosem Englisch, »hat sich seine Wunde nicht entzündet.« Er leidet unter dem Blutverlust und was er jetzt braucht, ist Ruhe und etwas zu essen.«

Das Misstrauen wich einer Atmosphäre friedlicher Entspanntheit, die auch mich erfüllte. Wie jung diese Soldaten doch waren. Heinz und Willi, beide stammten aus Köln, waren 16 Jahre alt. Der deutsche Unteroffizier war mit seinen 23 Jahren der Älteste von allen. Aus seinem Tornister holte er eine Flasche Rotwein hervor, und Heinz entnahm seinem Rucksack einen Laib Roggenbrot. Mutter schnitt es in kleine Stücke, um es zum Abendessen zu servieren; Die Hälfte des Weins aber stellte sie »für den verwundeten Jungen« zur Seite.

Dann faltete Mutter die Hände und ich bemerkte, dass sie Tränen in den Augen hatte, während sie die mir so vertrauten Worte sprach: »Komm, Herr Jesus. Sei unser Gast.« Und als ich mich am Tisch umsah, sah ich auch Tränen in den Augen der kampfmüden Soldaten, einige aus Amerika, einige aus Deutschland, und alle weit weg von zu Hause.

Kurz vor Mitternacht ging Mutter zur Haustür und bat uns, mit ihr zum Stern von Bethlehem aufzusehen. Wir standen alle neben ihr, nur Harry schlief auf meinem Bett. Und für uns alle war der Krieg in diesem Moment der Stille eine weit entfernte, fast vergessene Angelegenheit. Unsere Aufmerksamkeit galt ganz alleine dem hellen Stern am Himmel, der unsere Herzen berührte.

Unser privater Waffenstillstand wurde am nächsten Morgen fortgesetzt. Harry wachte in den frühen Morgenstunden auf und aß etwas Brühe, die Mutter ihm aufgewärmt hatte. Später am Morgen bereitete sie ihm aus unserem letzten Ei, dem restlichen Wein und etwas Zucker ein belebendes Getränk, und es war offensichtlich, dass er wieder zu Kräften kam. Wir aßen Haferflocken und anschließend zimmerten zwei der Soldaten aus Holzstangen und Mutters bester Tischdecke eine Trage für Harry.

Der deutsche Unteroffizier und Jim studierten derweil gemeinsam eine Karte und überlegten, wie die Amerikaner am besten hinter die deutschen Linien und zu ihren Kameraden gelangen konnten. Der Medizinstudent zeigte auf einen Bach. »Folgt diesem Bachlauf«, sagte er auf Englisch, »und ihr werdet feststellen, dass die 1. Armee ihre Streitkräfte an ihrem Oberlauf wieder zusammenführt.«

»Aber ist der Weg über Monschau nicht einfacher?«, fragte Jim. »Nein«, rief der Korporal. »Wir haben Monschau zurückerobert.«

Meine Mutter gab den Soldaten ihre Waffen zurück und sagte: »Seid vorsichtig, Jungs. Ich möchte, dass ihr eines

Tages gesund nach Hause kommt. Gott segne euch!« Die deutschen und amerikanischen Soldaten schüttelten sich zum Abschied die Hände und ich sah ihnen dabei zu, wie sie in entgegengesetzte Richtungen verschwanden.

Als ich wieder hineinkam, las Mutter in unserer alten Familienbibel. Sie hatte die Weihnachtsgeschichte aufgeschlagen und ihr Finger zeichnete die letzte Zeile aus Matthäus 2:21 nach: »... sie zogen auf einem anderen Weg in ihr Land.«

FRITZ VINCKEN

GEBURTSDATUM

Am 17. März 1916 geriet ich als deutscher Marinekampfflug-
zeugführer in englische Kriegsgefangenschaft. Ein winziges
Schrapnellstückchen hatte den Kühler meines Seeflugzeuges
durchschlagen. Da das Kühlwasser auslief, mußte ich auf
dem Mittelmeer in der Nähe der griechischen Insel Thasos
landen oder vielmehr, wie wir Seeflieger sagen, wassern. Ein
englisches Torpedoboot fischte mich auf und brachte mich
nach der Insel Lemnos auf das große Linienschiff H. M. S.
»Agamemnon«. Das Verhör war kurz, da ich höflich, aber bestimmt jede Aussage, die von militärischem Interesse sein
konnte, verweigerte. Es war daher eigentlich nur eine Feststellung meiner Personalien.

Von einem Kapitänleutnant wurde ich in eine Kabine geführt, die der Schiffspfarrer extra meinetwegen geräumt hatte.
Kaum saß ich ein paar Minuten allein, als ein Seeoffizier an-
klopfte. Er hatte seinen Burschen mitgebracht, der sofort
eine große Gummibadewanne aufrollte. »Oh, Sie werden
wohl eine große Sehnsucht nach eine erfrischende Bad haben!« lachte der Offizier und verschwand. Ehe ich ins Bad stieg,
kam ein anderer Offizier und schenkte mir einen nagelneuen

Schlafanzug. Er entfernte sich, kaum daß ich meinen Dank ausgesprochen hatte. Nach dem Bade kamen zwei andere Offiziere. Der eine brachte einen Kasten mit 1000 (!) Zigaretten, der andere deutsche Kriegsbücher (!) und Zeitungen. Ja, sogar ein englisch-deutsches Lexikon.

Das Abendessen war einfach erstaunlich. Als besondere Aufmerksamkeit hatte man mir eine Flasche deutschen Rheinwein geschickt. Nach dem Essen kamen zwei andere Offiziere. Der erste gab mir einen Rasierapparat und was dazu gehört. Der zweite schenkte mir ein noch nicht geöffnetes Feldpostpaket. »Es ist von meiner Mutter in London,« sagte er. »Ich weiß nicht, was drin ist, aber wohl Schokolade und Zigaretten.« Ich lehnte dankend ab. »Nehmen Sie nur, Herr Kamerad!« unterbrach mich lächelnd der Engländer, »denken Sie, es käme von Ihrer lieben Mutter in Deutschland.«

Ich war ganz verwirrt und wollte etwas erwidern. »Aber, Herr Kamerad,« fuhr der Engländer fort, »heute ist doch der 17. März! Da muß man Ihnen doch etwas schenken!« Damit verschwand er.

Durch die Feststellung meiner Personalien beim Verhör hatte man bemerkt, daß ich ausgerechnet an meinem Geburtstage in Gefangenschaft geraten war. Die Namen der Agamemnon-Offiziere habe ich vergessen, ihre Ritterlichkeit nicht.

FRITZ LEOP. HENNING, MALER, ZOPPOT.

it geballten Fäusten kann man sich nicht die Hände reichen.

INDIRA GHANDI

DER ZETTEL

Da ich selbst ein Freund der Bücher bin, sende ich Ihnen hier eine kurze Geschichte für das »Buch der guten Werke«, vorausgesetzt, daß sie zu gebrauchen ist. Ich will nur zeigen, daß der Gegner auch anständig handeln konnte.

Wir bezogen im Sommer 1915 Stellung auf dem Sattelkopf im Münstertal (Vogesen). Er war etwas über 700 Meter hoch und noch gut bewaldet, außer der Kuppe, auf der die beiden Stellungen lagen. Hier standen wir einem französischen Alpenjäger-Regiment gegenüber, in einer Entfernung von ungefähr dreißig bis vierzig Meter. Dagegen lag unser Horchposten nur drei Meter dem französischen gegenüber. Besetzt war unser Posten mit zwei Kameraden und abgelöst wurde alle zwei Stunden. Unsere Stellung lag abends um die gleiche Zeit immer unter französischem Minenfeuer, das uns so plötzlich überraschte, daß wir kaum Zeit hatten, Deckung zu suchen; infolgedessen gab es Verletzte. Auch mußte der Graben wieder ausgebaut werden.

Die Franzosen mußten inzwischen erfahren haben, daß andere Truppen die Stellung bezogen hatten, denn am dritten Tag gegen sechs Uhr abends, seit wir in Stellung lagen, warf der französische Horchposten einen Zettel zu uns herüber. Er war französisch geschrieben und enthielt die Mitteilung, daß alle Abend um sieben Uhr unsere Stellung mit Minen beschossen werden sollte. Wir machten unserem Kompagnieführer Meldung von der Sache, der uns auch den Zettel übersetzte. Jetzt waren wir gewarnt und konnten deshalb beizeiten in Deckung gehen, um unnötige Verluste zu vermeiden. Das war auch der Zweck, den der Brief seitens der Alpenjäger verfolgen sollte.

Um sieben Uhr abends setzte das Minenfeuer ein, das zwanzig bis dreißig Minuten später wieder nachließ. Wir, auf diese Art so freundlich gewarnt, waren auch nicht müßig geblieben und dankten den Alpenjägern auf dieselbe Weise wie sie für ihre Warnung. Das Ergebnis war, daß wir uns auf Horchposten mit den Alpenjägern mündlich unterhielten, so weit wir ihre Sprache verstanden. Es war ein schönes Kauderwelsch, das wir herausbrachten. Wir saßen bei Nacht oft beisammen zwischen beiden Horchposten, ohne daß wir gestört wurden. So standen wir drei Wochen lang in Freundschaft mit den Alpenjägern, ohne daß es unsere Vorgesetzten wußten oder erfuhren; wir hatten es nicht gemeldet.

Aber der Krug geht so lange zum Brunnen bis er bricht. Eines Morgens kontrollierte unser Kompagnieführer die Stellung; dabei führte ihn sein Weg auch zu uns in die Sappe, die wir um jene Zeit auf Horchposten waren. Er erwischte uns gerade, als wir uns trennen wollten, es wurde schon grau und sehen sollte uns niemand bei Tag. Wir aber hatten unseren Kompagnieführer nicht gesehen, weil wir ihn im Rücken hatten, wenn nicht ein Alpenjäger plötzlich gerufen hätte: Officier! Er war aber auch gleich verschwunden. Für uns war es zu spät, um verschwinden zu können; es bekam jeder seinen Staucher. Außer mir und Heinrich Hamann aus Lachen bei Neustadt erhielten fünf oder sechs Kameraden ein paar Tage Arrest. Das war bald verschmerzt; die Hauptsache war, daß wir unbelästigt blieben von den französischen Minen, so lange wir noch in Stellung waren. Wir waren damals im 22. bayrischen Reserve-Infanterie-Regiment, 2. Kompagnie.

KARL KIPPENBERGER, GERÜSTBAUER, LUDWIGSHAFEN A. RH.

MÜTTER BLEIBEN MÜTTER

Ich sage nichts gegen meine Mutter; sie war eine gütige Frau, auch ist sie vor zwei Jahren gestorben. Aber damals lebte sie noch, als ich mit meinen achtzehn Jahren in den Krieg mußte. Ich stand also im Wohnzimmer und meine Mutter ermahnte mich mit etwa diesen Worten:

»Gegen den Tod und das Schicksal ist kein Kraut gewachsen, also kann ich dich nicht bitten, du solltest auf jeden Fall wiederkommen; aber ich muß dir raten, strenge Pflichterfüllung nicht mit sinnloser Tollkühnheit zu verwechseln; raten muß ich dir ferner, von den Leuten im fremden Lande nichts anzunehmen; Feinde sind Feinde, sie verderben das Trinkwasser und lauern euch aus jedem Hinterhalt auf. Solltest du einmal Durst leiden, dann fordere den Franzosen, der dir Wasser reicht, unverzüglich auf, zuerst einen Schluck vorzutrinken, sicher ist sicher!«

Der Gedanke, ein feindlicher Bauer oder Bürger könnte mich heimlich vergiften, erfüllte mich mit solchem Grimm, daß ich es allen meinen feldgrauen Kameraden weitersagte: »Vortrinken lassen, immer erst vortrinken lassen!«

So rückten wir denn eines Tages in Neuvilly ein, das etwa

50 Kilometer südöstlich von Cambrai liegt. Diese 50 Kilometer aber hatten wir armen Gardemuskoten in glühender Sonnenhitze marschieren müssen; nur zweimal wurden kurze Pausen gemacht, indes durfte sich niemand hinlegen. Man stemmte sich nur die Knarren unter den Tornister, der Rücken war wund wie verbranntes Fleisch, die Füße voller Blasen, und Durst – Durst – Durst! – Die Feldflaschen waren längst leer, schwitzende Infanteristen sind schlechte Haushalter. Ich selber mußte mir einmal die Nase putzen und hatte das Taschentuch sofort dick voll Blut.

Endlich war Neuvilly erreicht, wir stürzten in die Häuser. Wasser – Wasser! Man belagerte keuchend die Pumpen und Ziehbrunnen, es gab fürchterliche Faustkämpfe, verbissene Schlägereien, wer dachte noch ans Vortrinkenlassen? Da es mir unmöglich war, mich an einem blutigen Kameradenzank zu beteiligen, suchte ich das mir zugewiesene Bauernhaus auf, und dort stand gleich eine alte, verwitterte Frau mit Kanne und Becher in der Tür. Sie grinste verdächtig, aber ich hatte Durst, darum ließ ich einschenken und keuchte die Mumie an: »Vortrinken, boire d'abord!«

Die Alte verstand mich sofort, ihr Lächeln verwandelte sich in verächtliche Bitterkeit. Aber sie trank aus dem Becher, also nahm ich die kleine Emailkanne und schluckte sie gierig leer. Mein Zimmer war sauber, das Bett roch ganz und gar nach rasenfrischer Wäsche. Es war das erste und einzige Mal, daß ich als Soldat ein richtiges Bett erlebte, die Wochen im Lazarett nicht eingerechnet; denn ein zusammengeschossener Mensch denkt nicht mehr nach, er leidet nur martialische Schmerzen, innen wie außen. Im übrigen befand ich mich in einem ländlichen Arbeiterhause, in dem nur die alte Frau verblieben war. An der Wand hing ein billiger Kruzifixus, darunter Chamforts soldatischer Wahlspruch:

Guerre aux châteaux! – Paix aux chaumières!
Krieg den Schlössern – Friede den Hütten!

Friede den Hütten! Vortrinken lassen? Irgendeiner war da inkonsequent gewesen, entweder ich oder die warzige Madame! Plötzlich klopfte es, die Greisin stand wieder in der Kammer: sie habe etwas vergessen! Was geschah? Sie stellte mir die eingerahmte Photographie eines französischen Rekruten auf den Nachttisch. Es war ein albernes, kitschiges Konterfei, wie es damals auch bei uns von geschäftstüchtigen Garnisonphotographen haufenweise hergestellt wurde. Und was murmelte die Alte? »Hier, camarade ... la guerre, mein Sohn!« Dann verschwand sie wieder, vorwurfsvoll knurrend mit beleidigter Miene. Was sollte ich mit dem Bild eines feindlichen Soldaten auf meinem Nachttisch?

Eine volle Woche blieben wir in Neuvilly. Schweres stand bevor, an der Somme war die Hölle los; am Tage machten wir großzügige Felddienstübungen, nachts schmissen die Flieger ihre Bomben ins Dorf. Immer kehrte ich abends zerschlagen in mein Quartier zurück, die Alte vermied es, mir noch einmal eine Szene zu machen. Bis eines Tages – es war an einem unvergeßlichen Sonntagmorgen – der französische Pastor dieses Fleckens in's Haus kam, und als er nach einer Stunde wieder ging, pochte die alte Madame zitternd und tränenüberströmt an mein Zimmer: Ob ich gerufen hätte?

Ja, ich hatte gerufen, ich wollte etwas Wasser, dieser sommerliche Durst war ja unausstehlich. Sofort brachte mir die Frau das Gewünschte, aber während sie Kanne und Becher festhielt, schluchzte sie entsetzlich auf und zeigte auf das Bild ihres Sohnes: »Oh, camerade tot, la guerre – la guerre!«

Was ich in diesem Augenblick tat, wird jeder verstehen, der sich im wilden Aufruhr der Ereignisse das Herz rein halten konnte: ich heulte, als habe mir jemand den Tod meines eignen Bruders angesagt. Die Alte wollte wieder pflichtgetreu »vortrinken«; ich aber riß ihr Becher und Kanne aus der Hand und schämte mich. » Nix boire d'abord, ma mère!«

»Meine Mutter« hatte ich gesagt? Wie kam ich dazu? Nein, diese Frau sollte nicht mehr vortrinken, und wenn ich die Greisin nunmehr zärtlich in den Arm nahm, wenn ich ihr meine Hand auf den zuckenden Kopf legte, so grüßte ich mit dieser Geste heimlich das Grabmal eines unbekannten Soldaten, dessen Mutter ja jeden Sohnes Mutter sein wollte.

Abends schrieb ich an meine Mutter nach Köln: »... und Du kannst sagen, was Du willst: Mütter bleiben Mütter, in Frankreich wie in Deutschland; das Vortrinkenlassen kann man von denen nicht verlangen. Wenn Du ahntest, wie ich mich schämte, als ich vor sechs Tagen das Lächeln einer Mutter verachtete, die mir doch nur den Durst stillen wollte, weil sie an ihren eigenen Sohn dachte ...!«

HEINZ STEGUWEIT, SCHRIFTSTELLER, KÖLN-KLETTENBERG.

THANK YOU,
LITTLE GERMAN GIRL!

Jeden Tag, jede Nacht fielen die Bomben.

Frauen, Kinder, alte Männer, die nur noch im Keller vegetierten.

Zuweilen ziehen Feindflugzeuge, sehr hoch, kleine, silbrig glitzernde Punkte, über die Stadt hinweg, anderen Zielen zu.

Dann wagt man einen Blick hinauf. Die Gesichter, die nach oben sehen, hassen; Hände ballen sich zu Fäusten.

Die Qual, der Terror, der Tod der Kinder – es gibt einen Gott, der nach Rache schreit.

Wo hört der Krieg auf, wo beginnt der Mord?

Der Unterschied ist längst verwischt.

Sie alle scheinen schuldig.

Und dann geschieht es: in Worbis, im Thüringer Wald.

Einer dieser Bomber ist abgeschossen worden; zwei Mann, die überlebten.

Landsturm führt sie ab.

Was wird mit ihnen?

Nein, es passiert ihnen nichts.

Die Leute stehen zwar am Wege und stoßen Verwünschungen aus.

Aber man rührt sie nicht an.

Wo einer es dennoch versucht, sind andere, die dazwischentreten.

Man sieht die beiden Flieger.

Sie sind noch jung, bleich, fahl, übernächtigt.

Es ist kein gutes Handwerk, das der Krieg ihnen auferlegt. Vielleicht fühlen sie das. Vielleicht auch nicht.

Aber Schuld?

Die Schuld liegt woanders.

Man hält sie einige Zeit im Gefängnis des Schulzenamtes.

Über Tag stehen Bürger, Frauen, Kinder vor den vergitterten Fenstern und diskutieren.

Ja, noch immer branden Verwünschungen auf.

»Nun lernen sie wenigstens, was hungern heißt!«

Die Bürger, selber ausgehungert, von Entbehrung geschwächt, lachen bitter.

In der Nacht stehen die beiden am Fenster, das Gesicht dicht an die Gitter gepreßt.

In der Nacht kommen nur wenige vorbei.

Sie sehen nicht einmal hinauf.

Ihr Blick weicht dem anderen Blick aus.

Dann wird es still auf den Straßen.

Und mitten in der Nacht kommt ein Kind:
Theresa, zwölf Jahre alt.
Ein Päckchen, ein Körbchen in der Hand.
Sie reicht es zum Gitterfenster hinauf.
Obst darin, Äpfel, Birnen.
Ungläubig sehen es die Inhaftierten.
Zögernd greifen sie zu.

Theresa:
Ihr Vater fiel im Osten.
Der Bruder führt ein deutsches Kampfflugzeug.
Sie dachte ja wohl an ihren Vater, an den Bruder, als sie
das strenge Verbot übertrat.
Wußte sie, daß es verboten war?
Ach, es war ja so vieles verboten: Liebe, Anstand, Mitleid;
so hier wie drüben.
Ungläubig sehen es die Inhaftierten.
Nie werden sie vergessen: Das Antlitz der Barmherzigkeit,
aufleuchtend in den Augen eines Mädchenkindes.

Wir sollten alle miteinander Mitleid haben.

NACH EINER
FRANZÖSISCHEN ZEITUNG

Der junge Flieger Graf de la Frégulière wird auf Erkundigungsflug über den deutschen Linien abgeschossen, landet aber wohlbehalten und erklärt seinem deutschen Besieger: »Ich bin Ihr Gefangener. Das ist ganz in der Ordnung. Das ist der Krieg. Aber meine Mutter weiß nicht, was aus mir geworden ist.« Und er errötet.

Der deutsche Flieger fragt: »Wie alt sind Sie?«

»Achtzehneinhalb Jahre,« antwortet der Junge.

Da sagt der Deutsche: »Schreiben Sie sofort einen Brief an Ihre Mutter: Sie seien Kriegsgefangener, würden nach der Regel behandelt und seien im übrigen unverletzt. Dann setzen wir in meinem Flugzeug über die französische Linie, und Sie werfen den Brief ab.«

Die beiden, Sieger und Besiegter, steigen auf, befördern den Brief. Drei französische Kampfflieger verfolgen sie; kaum erreichen der Deutsche und sein gefangener Franzose wieder das deutsche Gebiet und damit die Sicherheit.

Der Deutsche ist der Hauptmann a. D. Zahn, heute Europameister im Viererbob. Als er in St. Moritz mit seiner deutschen

Bob-Mannschaft den Preis erhielt – ja, da trat jener Graf de la Frégulière vor und erzählte die obenstehende Geschichte vom Brief an die Mutter. Dann hoben er und drei andere Franzosen den Deutschen auf ihre Schultern und trugen ihn im Saal herum als Huldigung an die Humanität. Die Anwesenden aller Länder empfanden: Versöhnung!

DAS HALSTUCH

Während des Rückzugs aus Mazedonien im Herbst 1918 verlor ich mit mehreren Kameraden meine Kompagnie, und wir wußten nur, daß als Sammelpunkt Jagodina in Serbien genannt worden war. Die Serben waren erstaunlicherweise sehr deutschfreundlich eingestellt, und ich fand fast in jeder Ortschaft Quartier. Immerhin verbarrikadierte ich vorsichtshalber mein Zimmer von innen, und auch das Gewehr stand geladen an meinem Bett. In Nisch, dem Hauptzentrum der Balkan-Armee, wurde ich zunächst jedoch überall abgewiesen. Ich begab mich aber erneut auf Quartiersuche, klopfte in einem mittelgroßen Hause an und trug einer älteren Dame, die mir mißtrauisch die Tür öffnete, mein Anliegen vor. Ich gab ihr zu verstehen, daß ich nur ein Bett wünsche und gestern entlaust worden wäre. Zu meinem Erstaunen lachte sie über meinen ungewollten Witz und fragte mich, ob ich mit einer Mansarde zufrieden sei. Freudestrahlend bedankte ich mich.

Am nächsten Morgen sah ich durch mein Fenster, daß bereits ein Waschbecken mit Seife und Handtuch im Hof an der Pumpe hingestellt wurde. Kaum, daß ich jedoch den Hof

betreten und meinen Rock an dem Pumpenschwengel aufge-
hängt hatte, stürzt meine Gastgeberin auf mich zu, fällt mir
um den Hals und bricht in lautes Schluchzen aus. Gleichzeitig bedeckt sie mein wollenes Halstuch, das ich zum Schutze
gegen Erkältung nachts um den Hals trug, mit Küssen und
stammelt immer nur: »Mein Sohn – mein armer Sohn«. Ja,
ihr eigener Sohn habe genau so ein Halstuch von ihr bekommen, und so ein selbstgestricktes Halstuch würde immer nur
von einer Mutter gestrickt. Ob ich es nicht von meiner Mutter
hätte?

Ich bejahte erstaunt. Ich erzählte ihr, daß meine Mutter
Witwe und ich der einzige Sohn sei und mit achtzehn Jahren
in den Krieg mußte. Im strengen Winter 1916/17 zog ich mir
in Frankreich eine Lungenentzündung zu und meine Mutter
bestand nach meinem erneuten Ausrücken absolut darauf,
daß ich ihr wollenes Kopftuch mitnehmen solle, damit ich
mir in kalten Nächten wenigstens den Hals schützen könnte.
Seit diesem Tage sei dieses Tuch mein Talisman und ich
glaubte nicht mehr einschlafen zu können, wenn ich es nicht
mehr besitzen würde.

Meine Erzählung bewirkte Wunder. Die Frau hielt meine
Hand in der ihren und berichtet mir, daß sie auch Witwe sei
und ihr einziger Sohn beim Vormarsch der Bulgaren im Herbst
1915 gefallen sei. Auch sie habe ihrem Sohn ein Wolltuch

gestrickt und beim Anblick meines Halstuchs sei ihr sofort klar gewesen, daß es nur von meiner Mutter sein könne. Alles Leid wäre in diesem Augenblick wieder in ihr erwacht, und sie bat dringend, mich doch als ihren Sohn behandeln zu dürfen. Meine Sachen holte sie mir sofort von der Mansarde herunter und ich mußte mein Lager in ihrem besten Zimmer aufschlagen. Auch mußte ich jetzt an sämtlichen Mahlzeiten teilnehmen.

Als ich nach vier Tagen von ihr Abschied nahm, konnte ich kein Wort über die Lippen bringen. Sie aber küßte mich auf die Stirn und stammelte nur: sie wolle für mich beten, daß meine Mutter mich wieder gesund in ihre Arme schließen könne.

ALBERT VIETH, SCHAUSPIELER, MAGDEBURG.

Die letzten Stichworte in einem richtig geführten menschlichen Leben müssen Friede und Güte heißen.

CARL HILTY

DEUTSCHER AUFSATZ

Der Besitzer Siebert aus Skaisgirren stärkte sich durch einen Schluck Grog und erzählte: »Ja, da haben Sie ganz recht, die Russen haben wie die Wilden in Ostpreußen gehaust, und ich bin der letzte, der das bestreiten möchte. Aber der Mensch muß gerecht sein. Da ist vielleicht ein kleines Geschichtchen ganz angenehm, das anders klingt. Das will ich nun erzählen, und wahr ist es, denn es ist mir selbst passiert, oder vielmehr meinem Jungen, dem Gustav. Ich kann es übrigens auch beweisen, denn das corpus delicti hab' ich in der Tasche.

Das war also im August 1914 und was der für Ostpreußen bedeutet hat, wissen wir alle. Darüber ist nichts mehr zu sagen als: Gott behüte uns vor der Wiederholung, in Ewigkeit! Amen! Prost! Ja, da saßen wir denn eines Abends in unserem kleinen Haus – mein seliger Vater hat es gebaut, und es liegt etwas abseits vom Dorf nach dem Wald zu – und überlegten, ob wir am nächsten Morgen nach Königsberg machen wollten. Die meisten Nachbarn waren schon fort, aber ich hatte eine kranke Frau und zwei Kinder, die Lene und den Gustav, und da kam es uns schwer an. Denn außer dem Haus und dem bißchen Land hatten wir nicht viel mehr als einen knappen

Notgroschen. Gepackt war schon, so viel auf einen Wagen ging, und nun warteten wir. Der Schäfer vom Gut hatte gemeint, die Russen sind noch weit. Da hatten wir Vertrauen, denn das war ein Gedienter.

Ich rauchte meine Pfeife, die Frau strickte und die Kinder machten Ferienarbeiten. Die Lene rechnete an einem ganz fürchterlichen Exempel, mit dem sie gar nicht fertig wurde, und der Junge, der Gustav, schrieb an seinem deutschen Aufsatz. Sie können es ja selbst sehen, hier ist das Heft, aber bitte, vorläufig bloß die erste Seite, Sie werden später schon merken, weshalb.«

Und er nahm ein blaues Quartheft aus der Brusttasche, ziemlich zerknittert und beschmutzt, strich es mit der Hand glatt und legte es vor uns hin. Auf dem Deckel stand:

Deutsches Aufsatzheft
    von Gustav Siebert, Ober-Tertia
    und auf der ersten Seite war das Thema zu lesen:
    Dulce et decorum est, pro patria mori.
    (Hor. Od. III, 2. 13.)

Dann kamen die ersten Sätze:
    »Ja, es ist süß und rühmlich, für das Vaterland zu sterben. Und wenn die verfluchten Russen kommen ...«

Ja ... Wenn die verfluchten Russen kommen – so weit hatte der Bengel geschrieben, und da kamen sie! Der Schäfer kam auf einem Wagenpferd aus dem Walde geprescht wie ein Verrückter und schrie: »Herr Siebert, sie sind schon im Schloß, machen Sie schnell, um Gottes willen!« Und weg war er. Und wir, ohne uns zu besinnen, auf den Hof, und die Alte und die Kinder aufgepackt und heidi! in den Abend los, was das Zeug halten will. Auf dem Tisch blieb alles, wie es war, das Strickzeug und die Tafel mit dem Exempel und ein Teller mit Butterbrot und das Aufsatzheft. Als wir um die Ecke bogen, sah ich noch die Tür offen und dachte: Herr Gott, die Büchse hättest du doch mitnehmen sollen, und meine Frau weinte: ›Die Hühner!‹ – aber da war nun nichts mehr zu machen. Es war schrecklich, wie wir erst unter die anderen gerieten, die auch schon auf der Flucht waren und zwei Tage gab es mehr Tränen als Brot. Aber das alles ist ja viel schöner beschrieben, als ich es kann. Ich glaub' auch, wer's erlebt hat, der kann es gar nicht so beschreiben.

Na, wir kamen aber gesund nach Königsberg, wo ich Verwandte habe, und es ging uns immer noch besser als manchem anderen, denn wir blieben zusammen. Nun ging die Zeit herum, Hindenburg kam auf – Prost, ja, da trink ich mit und gerne! – und wir Flüchtlinge dachten wieder an die Rückkehr. Herrschaften, mir war schwer ums Herz, wenn ich herumhorchte und von der Verwüstung hörte. Was sollte ich tun, wenn meine arme Klitsche runtergebrannt war? Mit Zittern und Zagen fuhr ich nach Hause, zum ersten Mal allein, und dachte mir: der Frau muß ich's so allmählich beibringen. Na, und da kam das erste Wunder.

Rings herum war alles zerschossen und abgebrannt, und mitten durch den Kirchhof ging ein Schützengraben – aber mein Haus (ich sagte schon, es liegt ein bißchen abseits) steht ganz heil da. Wenigstens von außen. Die Fenster waren zerschlagen, die Türen ausgehoben, aber das Haus stand – und ich wußte nicht warum. Auf den Zehenspitzen ging ich hinein, sag' ich Ihnen, und dachte noch immer, da ist die Cholera gewesen, oder da lauert etwas – aber nein, es war leer, und die Stube, bis auf etwas reichlichen Kriegsdreck, ganz in Ordnung. Stroh war ausgeschüttet, wo die Leute geschlafen hatten, ein Kantschu lag in einer Ecke, auch ein Tuch mit braunen Flecken, kann sein, daß es blutig war, aber aus dem Schrank war nichts genommen! Und der Tisch am Fenster stand so da, wie er gewesen war, als wir vor sechs Wochen aufgestanden waren, bloß natürlich schmutziger, und das Butterbrot war weg. Das Strickzeug war an die Erde geworfen, aber zwischen Lumpen und Stroh und Papyrosschachteln lagen noch die Tafel und das Aufsatzheft nebeneinander. Und das war das zweite Wunder: das Exempel war ausgerechnet und der Aufsatz war fertig geschrieben ... Ja, da schneiden Sie Gesichter! Aber, Ueberzeugung macht wahr: nun schlagen Sie die Seite um.«

So taten wir denn und lasen, in einer zierlichen Handschrift und in gutem Deutsch, wie der angefangene Satz weiter ging: »Wenn die verfluchten Russen kommen ...« hatte der Obertertianer Gustav Siebert begonnen, und ein anderer hatte fortgesetzt:

»... dann kommen sie auch nur, weil ihr Kaiser es so will und weil es ihre Pflicht ist, und manchem, mein lieber deutscher Junge, fällt es herzlich schwer. Denn ich, der ich dies schreibe, habe auch ein kleines Haus wie dieses, und es steht auch zwischen Bäumen, und zwei Kinder sind darin, ein Knabe und ein Mädchen. Der Knabe heißt Fedor und hat ein kleines Pferd, auf dem wollte er in den Krieg mitreiten, aber er war noch zu jung. Und das Mädchen heißt Nina und wollte in Deutschland studieren, wo ihr Vater und ihre Mutter lange Jahre gewesen sind und sehr glücklich waren. Das ist nun vorbei, wir wollen hoffen, nicht für immer. Denn die Zeit, die so grausam ist, daß sie sogar die Kinder fluchen lehrt, wird vorübergehen. Wenn du groß geworden bist, dann werden die Menschen hoffentlich sich wieder darauf besonnen haben, daß sie Menschen sind und was das für ein Glück bedeutet.

Grüße deine Eltern und sage ihnen, wir haben dies kleine Haus geschont, soweit es möglich war. Und grüße deinen Lehrer von einem Kollegen aus Kurland und bitte ihn, dir zu erklären, daß der Dichter Horatius wohl recht hat, wenn er sagt, daß es süß und rühmlich sei, für das Vaterland zu sterben. Daß es aber noch süßer und rühmlicher ist, für das Vaterland zu leben und für seinen Frieden zu arbeiten, ganz gleich, ob es dein deutsches Vaterland ist oder das von uns »verfluchten Russen«.

Dein »feindlicher« Freund
Dr. Paul Fedor Heidenkamp, Leutnant.

P A U L   B L O C K

DER FREUD- UND FRIEDEN BRINGENDE POSTREITER VERKÜNDET DEN WESTFÄLISCHEN FRIEDEN

1648

Ich komm von Münster her ... geritten ... ich bringe gute Post und neue Friedenszeit, der Frieden ist gemacht, gewendet alles Leid. ... Ganz Münster, Osnabrück und alle Welt ist froh. ... Herr Gott, wir loben dich, die frohen Leute singen. ... Paris [der französische König], Wien [der habsburgische Kaiser] und Stockholm [die schwedische Königin] sind friedlich. ... Fortan wird ... (alles wieder gut). Es werden Obrigkeit und Untertanen wohnen in Einigkeit und Fried. ... [Genannt werden die, denen es wieder gut geht: die Kaufleute und einzeln viele Handwerker: Schuster, Schneider, Brauer, Bäcker, Kürschner, Schmiede (lasst Degen Degen sein, macht einen Pflug dafür!), Bauern, Gärtner, Wirte). ... Doch dieses alles recht mit Beten und mit Danken.

WIR ALLE
REISEN DEN
GLEICHEN WEG

RESOLUTION 217 A (III) DER GENERALVERSAMMLUNG VOM 10. DEZEMBER 1948 ALLGEMEINE ERKLÄRUNG DER MENSCHENRECHTE

PRÄAMBEL

Da die Anerkennung der angeborenen Würde und der gleichen und unveräußerlichen Rechte aller Mitglieder der Gemeinschaft der Menschen die Grundlage von Freiheit, Gerechtigkeit und Frieden in der Welt bildet, da die Nichtanerkennung und Verachtung der Menschenrechte zu Akten der Barbarei geführt haben, die das Gewissen der Menschheit mit Empörung erfüllen, und da verkündet worden ist, daß einer Welt, in der die Menschen Rede- und Glaubensfreiheit und Freiheit von Furcht und Not genießen, das höchste Streben des Menschen gilt, da es notwendig ist, die Menschenrechte durch die Herrschaft des Rechtes zu schützen, damit der Mensch nicht gezwungen wird, als letztes Mittel zum Aufstand gegen Tyrannei und Unterdrückung zu greifen, da es notwendig ist, die Entwicklung freundschaftlicher Beziehungen zwischen den Nationen zu fördern, da die Völker der Vereinten Nationen in der Charta ihren Glauben an die grundlegenden Menschenrechte, an die Würde und den Wert der menschlichen Person und an die Gleichberechtigung von Mann und Frau erneut bekräftigt und beschlossen haben, den sozialen Fortschritt und bessere Lebensbedingungen in größerer Freiheit zu fördern, da die Mitgliedstaaten sich verpflichtet haben, in Zusammenarbeit mit den Vereinten Nationen auf die allgemeine Achtung und Einhaltung der Menschenrechte und Grundfreiheiten hinzuwirken, da ein gemeinsames Verständnis dieser Rechte und Freiheiten von größter Wichtigkeit für die volle Erfüllung dieser Verpflichtung ist, verkündet die Generalversammlung diese Allgemeine Erklärung der Menschenrechte als das von allen Völkern und Nationen zu erreichende gemeinsame Ideal, damit jeder einzelne und alle Organe der Gesellschaft sich diese Erklärung stets gegenwärtig halten und sich bemühen, durch Unterricht und Erziehung die Achtung vor diesen Rechten und Freiheiten zu fördern und durch fortschreitende nationale und internationale Maßnahmen ihre allgemeine und tatsächliche Anerkennung und Einhaltung durch die Bevölkerung der Mitgliedstaaten selbst wie auch durch die Bevölkerung der ihrer Hoheitsgewalt unterstehenden Gebiete zu gewährleisten.

Artikel 1

Alle Menschen sind frei und gleich an Würde und Rechten geboren. Sie sind mit Vernunft und Gewissen begabt und sollen einander im Geiste der Brüderlichkeit begegnen.

Artikel 2

Jeder hat Anspruch auf alle in dieser Erklärung verkündeten Rechte und Freiheiten, ohne irgendeinen Unterschied, etwa nach Rasse, Hautfarbe, Geschlecht, Sprache, Religion, politischer oder sonstiger Anschauung, nationaler oder sozialer Herkunft, Vermögen, Geburt oder sonstigem Stand.

Des weiteren darf kein Unterschied gemacht werden auf Grund der politischen, rechtlichen oder internationalen Stellung des Landes oder Gebietes, dem eine Person angehört, gleichgültig ob dieses unabhängig ist, unter Treuhandschaft steht, keine Selbstregierung besitzt oder sonst in seiner Souveränität eingeschränkt ist.

Artikel 3

Jeder hat das Recht auf Leben, Freiheit und Sicherheit der Person.

ARTIKEL 4

Niemand darf in Sklaverei oder Leibeigenschaft gehalten werden; Sklaverei und Sklavenhandel in allen ihren Formen sind verboten.

ARTIKEL 5

Niemand darf der Folter oder grausamer, unmenschlicher oder erniedrigender Behandlung oder Strafe unterworfen werden.

ARTIKEL 6

Jeder hat das Recht, überall als rechtsfähig anerkannt zu werden.

ARTIKEL 7

Alle Menschen sind vor dem Gesetz gleich und haben ohne Unterschied Anspruch auf gleichen Schutz durch das Gesetz. Alle haben Anspruch auf gleichen Schutz gegen jede Diskriminierung, die gegen diese Erklärung verstößt, und gegen jede Aufhetzung zu einer derartigen Diskriminierung.

ARTIKEL 8

Jeder hat Anspruch auf einen wirksamen Rechtsbehelf bei den zuständigen innerstaatlichen Gerichten gegen Handlungen, durch die seine ihm nach der Verfassung oder nach dem Gesetz zustehenden Grundrechte verletzt werden.

ARTIKEL 9

Niemand darf willkürlich festgenommen, in Haft gehalten oder des Landes verwiesen werden.

ARTIKEL 10

Jeder hat bei der Feststellung seiner Rechte und Pflichten sowie bei einer gegen ihn erhobenen strafrechtlichen Beschuldigung in voller Gleichheit Anspruch auf ein gerechtes und öffentliches Verfahren vor einem unabhängigen und unparteiischen Gericht.

ARTIKEL 11

1. Jeder, der einer strafbaren Handlung beschuldigt wird, hat das Recht, als unschuldig zu gelten, solange seine Schuld nicht in einem öffentlichen Verfahren, in dem er alle für seine Verteidigung notwendigen Garantien gehabt hat, gemäß dem Gesetz nachgewiesen ist.

2. Niemand darf wegen einer Handlung oder Unterlassung verurteilt werden, die zur Zeit ihrer Begehung nach innerstaatlichem oder internationalem Recht nicht strafbar war.

Ebenso darf keine schwerere Strafe als die zum Zeitpunkt der Begehung der strafbaren Handlung angedrohte Strafe verhängt werden.

ARTIKEL 12

Niemand darf willkürlichen Eingriffen in sein Privatleben, seine Familie, seine Wohnung und seinen Schriftverkehr oder Beeinträchtigungen seiner Ehre und seines Rufes ausgesetzt werden. Jeder hat Anspruch auf rechtlichen Schutz gegen solche Eingriffe oder Beeinträchtigungen.

ARTIKEL 13

1. Jeder hat das Recht, sich innerhalb eines Staates frei zu bewegen und seinen Aufenthaltsort frei zu wählen.

2. Jeder hat das Recht, jedes Land, einschließlich seines eigenen, zu verlassen und in sein Land zurückzukehren.

ARTIKEL 14

1. Jeder hat das Recht, in anderen Ländern vor Verfolgung Asyl zu suchen und zu genießen.

2. Dieses Recht kann nicht in Anspruch genommen werden im Falle einer Strafverfolgung, die tatsächlich auf Grund von

Verbrechen nichtpolitischer Art oder auf Grund von Handlungen erfolgt, die gegen die Ziele und Grundsätze der Vereinten Nationen verstoßen.

ARTIKEL 15

1. Jeder hat das Recht auf eine Staatsangehörigkeit.

2. Niemandem darf seine Staatsangehörigkeit willkürlich entzogen noch das Recht versagt werden, seine Staatsangehörigkeit zu wechseln.

ARTIKEL 16

1. Heiratsfähige Männer und Frauen haben ohne jede Beschränkung auf Grund der Rasse, der Staatsangehörigkeit oder der Religion das Recht, zu heiraten und eine Familie zu gründen. Sie haben bei der Eheschließung, während der Ehe und bei deren Auflösung gleiche Rechte.

2. Eine Ehe darf nur bei freier und uneingeschränkter Willenseinigung der künftigen Ehegatten geschlossen werden.

3. Die Familie ist die natürliche Grundeinheit der Gesellschaft und hat Anspruch auf Schutz durch Gesellschaft und Staat.

ARTIKEL 17

1. Jeder hat das Recht, sowohl allein als auch in Gemeinschaft mit anderen Eigentum innezuhaben.

2. Niemand darf willkürlich seines Eigentums beraubt werden.

ARTIKEL 18

Jeder hat das Recht auf Gedanken-, Gewissens- und Religionsfreiheit; dieses Recht schließt die Freiheit ein, seine Religion oder seine Weltanschauung zu wechseln, sowie die Freiheit, seine Religion oder seine Weltanschauung allein oder in Gemeinschaft mit anderen, öffentlich oder privat durch Lehre, Ausübung, Gottesdienst und Kulthandlungen zu bekennen.

ARTIKEL 19

Jeder hat das Recht auf Meinungsfreiheit und freie Meinungsäußerung; dieses Recht schließt die Freiheit ein, Meinungen ungehindert anzuhängen sowie über Medien jeder Art und ohne Rücksicht auf Grenzen Informationen und Gedankengut zu suchen, zu empfangen und zu verbreiten.

ARTIKEL 20

1. Alle Menschen haben das Recht, sich friedlich zu versammeln und zu Vereinigungen zusammenzuschließen.

2. Niemand darf gezwungen werden, einer Vereinigung anzugehören.

1. Jeder hat das Recht, an der Gestaltung der öffentlichen Angelegenheiten seines Landes unmittelbar oder durch frei gewählte Vertreter mitzuwirken.

2. Jeder hat das Recht auf gleichen Zugang zu öffentlichen Ämtern in seinem Lande.

3. Der Wille des Volkes bildet die Grundlage für die Autorität der öffentlichen Gewalt; dieser Wille muß durch regelmäßige, unverfälschte, allgemeine und gleiche Wahlen mit geheimer Stimmabgabe oder einem gleichwertigen freien Wahlverfahren zum Ausdruck kommen.

Jeder hat als Mitglied der Gesellschaft das Recht auf soziale Sicherheit und Anspruch darauf, durch innerstaatliche Maßnahmen und internationale Zusammenarbeit sowie unter Berücksichtigung der Organisation und der Mittel jedes Staates in den Genuß der wirtschaftlichen, sozialen und kulturellen Rechte zu gelangen, die für seine Würde und die freie Entwicklung seiner Persönlichkeit unentbehrlich sind.

Artikel 23

1. Jeder hat das Recht auf Arbeit, auf freie Berufswahl, auf gerechte und befriedigende Arbeitsbedingungen sowie auf Schutz vor Arbeitslosigkeit.

2. Jeder, ohne Unterschied, hat das Recht auf gleichen Lohn für gleiche Arbeit.

3. Jeder, der arbeitet, hat das Recht auf gerechte und befriedigende Entlohnung, die ihm und seiner Familie eine der menschlichen Würde entsprechende Existenz sichert, gegebenenfalls ergänzt durch andere soziale Schutzmaßnahmen.

4. Jeder hat das Recht, zum Schutze seiner Interessen Gewerkschaften zu bilden und solchen beizutreten.

Artikel 24

Jeder hat das Recht auf Erholung und Freizeit und insbesondere auf eine vernünftige Begrenzung der Arbeitszeit und regelmäßigen bezahlten Urlaub.

ARTIKEL 25

1. Jeder hat das Recht auf einen Lebensstandard, der seine und seiner Familie Gesundheit und Wohl gewährleistet, einschließlich Nahrung, Kleidung, Wohnung, ärztliche Versorgung und notwendige soziale Leistungen, sowie das Recht auf Sicherheit im Falle von Arbeitslosigkeit, Krankheit, Invalidität oder Verwitwung, im Alter sowie bei anderweitigem Verlust seiner Unterhaltsmittel durch unverschuldete Umstände.

2. Mütter und Kinder haben Anspruch auf besondere Fürsorge und Unterstützung. Alle Kinder, eheliche wie außereheliche, genießen den gleichen sozialen Schutz.

ARTIKEL 26

1. Jeder hat das Recht auf Bildung. Die Bildung ist unentgeltlich, zum mindesten der Grundschulunterricht und die grundlegende Bildung. Der Grundschulunterricht ist obligatorisch. Fach- und Berufsschulunterricht müssen allgemein verfügbar gemacht werden, und der Hochschulunterricht muß allen gleichermaßen entsprechend ihren Fähigkeiten offenstehen.

2. Die Bildung muß auf die volle Entfaltung der menschlichen Persönlichkeit und auf die Stärkung der Achtung vor den

Menschenrechten und Grundfreiheiten gerichtet sein. Sie muß zu Verständnis, Toleranz und Freundschaft zwischen allen Nationen und allen rassischen oder religiösen Gruppen beitragen und der Tätigkeit der Vereinten Nationen für die Wahrung des Friedens förderlich sein.

3. Die Eltern haben ein vorrangiges Recht, die Art der Bildung zu wählen, die ihren Kindern zuteil werden soll.

Artikel 27

1. Jeder hat das Recht, am kulturellen Leben der Gemeinschaft frei teilzunehmen, sich an den Künsten zu erfreuen und am wissenschaftlichen Fortschritt und dessen Errungenschaften teilzuhaben.

2. Jeder hat das Recht auf Schutz der geistigen und materiellen Interessen, die ihm als Urheber von Werken der Wissenschaft, Literatur oder Kunst erwachsen.

Artikel 28

Jeder hat Anspruch auf eine soziale und internationale Ordnung, in der die in dieser Erklärung verkündeten Rechte und Freiheiten voll verwirklicht werden können.

ARTIKEL 29

1. Jeder hat Pflichten gegenüber der Gemeinschaft, in der allein die freie und volle Entfaltung seiner Persönlichkeit möglich ist.

2. Jeder ist bei der Ausübung seiner Rechte und Freiheiten nur den Beschränkungen unterworfen, die das Gesetz ausschließlich zu dem Zweck vorsieht, die Anerkennung und Achtung der Rechte und Freiheiten anderer zu sichern und den gerechten Anforderungen der Moral, der öffentlichen Ordnung und des allgemeinen Wohles in einer demokratischen Gesellschaft zu genügen.

3. Diese Rechte und Freiheiten dürfen in keinem Fall im Widerspruch zu den Zielen und Grundsätzen der Vereinten Nationen ausgeübt werden.

ARTIKEL 30

Keine Bestimmung dieser Erklärung darf dahin ausgelegt werden, daß sie für einen Staat, eine Gruppe oder eine Person irgendein Recht begründet, eine Tätigkeit auszuüben oder eine Handlung zu begehen, welche die Beseitigung der in dieser Erklärung verkündeten Rechte und Freiheiten zum Ziel hat.

MUTTERNS HÄNDE

Hast uns Stulln jeschnitten
un Kaffe jekocht
un de Töppe rübajeschohm -
un jewischt und jenäht
un jemacht und jedreht ...
alles mit deine Hände.

Hast de Milch zujedeckt,
uns Bobongs zujesteckt
un Zeitungen ausjetragn -
hast die Hemden jezählt
und Kartoffeln jeschält ...
alles mit deine Hände.

Hast uns manches Mal
bei jroßem Schkandal
auch'n Katzenkopp jejeben.
Hast uns hochjebracht.
Wir wahn Sticker acht
sechse sind noch am Leben ...
alles mit deine Hände.

Heiß warn se un kalt
Nu sind se alt
nu bist du bald am Ende.
Da stehn wa nu hier,
und denn komm wir bei dir
und streicheln deine Hände.

KURT TUCHOLSKY

LEICHTE BILDER

Die sieben großen Seifenblasen tanzen auf dem Wellensee.
Und die großen Seifenblasen stoßen sich nicht, trotzdem sie
haushoch sind – turmhoch!
    Sie hüpfen – die Blasen.

Laß die Welten nur fest sein,
Laß die Helden nur stark sein,
So fein kann doch der Quark sein.

Aber der sanfte Abendwind bläst die feinen Blasen entzwei.
    Und die roten Schiffe kommen mit den roten Segeln – die
Schiffe schaukeln auf und ab, schaukeln vorüber, denn was
sollen sie hier?
    Die Schiffe sind so ernst und lächerlich – besonders die
roten.

Der Flieder duftet in der Nacht,
Und kleine Katzen schleichen behutsam.
Der Sonnenschein ist ferne –
So ferne wie die Sterne.

Und die Eisberge kommen.

Sie kommen aber nicht näher – in der Ferne bleiben sie – fürchten sie die Hitze am Strande des Ulks?

Welcher Irrtum! Hier ist es gar nicht so heiß – die Späße sind nicht hitzig – das sind sie unter keinen Umständen, denn sonst wären's ja keine Späße mehr.

Die bittern Schnäpse schmecken gut.

Die bittern Schnäpse schmecken gut.

Und die Sorgen kommen – als Riesenratten mit klatschenden Schwänzen – schwimmen auf dem Wellensee – hüpfen und schaukeln – mögen sie weiterhüpfen und weiterschaukeln!

Leb wohl, Du Land der stillen Zecher!
Füllt mir die letzten Flaschen ein!
Ich bin ja doch kein armer Schächer,
Ich sitz im Grünen.

Jetzt aber – jetzt kommt eine wilde Gesellschaft – lauter Weltverbesserer – jetzt wird's beinah übermütig!

Die Weltverbesserer rennen auf den Strand – ganz nackt. Sind die mager!

Ich strecke ihnen meine Zunge entgegen.

Die Kerls wollen die Welt verbessern?

Rosen, sanfte Rosen,
Fallen in die Silberkanne.
Rosendüfte sind so schwül:
Zerpflücke die sanften Rosen.

Die Welt kann ja gar nicht besser werden – sie ist ja das Beste von Allem, was wir zum Besten haben können.

Die Sonne geht drüben auf – es ist wohl eine sechseckige Sonne.

Es wird alles bunt wie Kolibris.

Und leichte Gestalten steigen aus dem Wellensee – Duftgestalten mit langen Armen und ächten Kugelbeinen – die Gestalten sind ganz durchsichtig – auch die Kugeln unterm Rumpf – wie Tabaksqualm steigen diese guten Geister empor – in den blauen Himmel.

Ein wilder Husar
Nimmt das Leben genau?
Au! Au!

Ich liege und sehe den leichten Duftgestalten traurig nach – ach – am Strande des Ulks wird man so schwer, daß man nicht mehr so leicht aufsteigen kann wie Tabaksqualm.

Aber die sechseckige Sonne steigt alle Morgen auf.

Ich beneide die Ecken-Sonne.

Neidisch bin ich wie ein Geizhals,

Haben möcht ich tausend bunte Edelsteine.

Und ich möchte friedlich schlafen,

Rechts und links die bunten Edelsteine.

Ich liege und kann nicht auf.

Schwefelhölzchen mit rotem Kopf tanzen auf dem Wellensee – wie Menschen – wie stockdumme Menschen, die nichts zu tun haben.

Die großen Ratten kommen wieder – sie fressen die Schwefelhölzchen auf und platzen entzwei wie Seifenblasen.

Es knallte – es knallte!

Endlich ist der Mops getötet,

Und die Wellen sind gerötet.

Ärgre Dich, tiefernster Tor,

Über alle krausen Kringel.

Seifenblasen kommen aber nicht noch einmal – und sie sind so wichtig am Strande des Ulks.

Bäume wachsen im Wellensee – Wunderbäume – aber ich seh sie nicht – die sind unten auf'm Meeresboden – ja – warum sind sie unten?

Ach ja!

Robinson!

Ist das Robinson, der da vor mir steht?

Er ist so alt, wackelt mit dem Kopf, streicht sich den weißen Schnurrbart nach unten und deutet mit dem Zeigefinger nach oben.

Oben ist der Himmel offen, und die hellgrünen Engel, die ich so verehre, machen da oben Musik.

Die Musik ist so sanft, daß ich die Augen schließe, um besser hören zu können.

Da sagt Einer zu mir:

»Du bist ein alter Faulpelz!«

War das Robinson?

Es klang doch so sanft.

Ich träume, und sanfte Krokodile schreien:

»Wie schön ist die Welt!«

»Wie schön ist die Welt!«

Ein nasser Leinwandlappen fällt auf mein Haupt.

PAUL SCHEERBART

TAGE DER FREUDEN
DIE FAMILIE HÖRT MUSIK

»Denn die Musik ist etwas Süsses, sie bringt Gleichklang in die Seele, und wie ein göttlicher Chor erweckt sie tausend Töne, die im Herzen ihren Gesang anstimmen.«

Für eine Familie, die wirklich lebt und in der jedes Mitglied denkt, liebt und handelt, ist der Besitz eines Gartens eine gute Sache. Ist des Tages Müh' und Arbeit vorbei, so kommen die Mitglieder der Familie an den Abenden des Frühlings, des Sommers und des Herbstes zusammen; mag der Garten noch so klein sein, mögen sich die Hecken noch so nahe gegenüberstehen, so hoch sind sie nicht, als daß man nicht ein großes Stück Himmel sehen könnte, wohin jedermann die Augen erheben kann, um zu träumen, ohne zu sprechen. Das Kind träumt von Zukunftsplänen, von der Wohnung, die es mit dem geliebten Kameraden beziehen will, um sie nie zu verlassen, es träumt von allen unbekannten Pfaden der Erde und des Meeres. Der Jüngling träumt von dem geheimnisvollen

Zauber der Frau, die er liebt, die Mutter träumt von der Zukunft ihres Kindes, und die Frau, die sonst schwer ihren Frieden finden kann, entdeckt auf dem Grunde dieser lichten Stunde unter der kalten Außenseite ihres Mannes eine schmerzliche Wehmut, die sie tief zu Mitleid rührt. Der Vater verfolgt mit den Augen die Rauchwolke, die über ein Dach emporsteigt, und er hängt seine Gedanken an die freundlichen Szenen der Vergangenheit, die zauberhaft das Licht des Abends bis in die Ferne durchleuchtet. Er denkt an seinen kommenden Tod und an das Leben seiner Kinder nach seinem Tode; und so erhebt sich die Seele der ganzen Familie gläubig gegen Sonnenuntergang, während der große Lindenbaum, die Kastanie oder die Tanne über sie die Benediktion ihres erwählten Duftes ausgießt oder die Weihe ihres ehrwürdigen Schattens.

Aber für eine Familie, die wirklich lebt, wo jeder denkt, liebt und handelt, für eine beseelte Familie gibt es nichts Süßeres, als wenn sich diese Seele abends in einer Stimme inkarniert, das heißt, wenn sie widerklingt in der klaren und unversiegbaren Stimme eines jungen Mädchens oder eines Jünglings, der die Gabe der Musik oder des Gesangs empfangen hat. Käme ein Fremder an der Gartenpforte vorbei, hinter der die Familie schweigt, so könnte er fürchten, durch seine Annäherung alle ihre gläubigen Träume zu stören.

Aber könnte der Fremde, ohne den Gesang zu hören, die Versammlung von Verwandten und Freunden nur wahrnehmen, wie sie ganz Ohr ist – müßte er da nicht den Eindruck haben, er wohne einer unsichtbaren Messe bei? Und das heißt so viel, daß trotz der Verschiedenheit der Haltung in der echten Ähnlichkeit des Ausdrucks sich die untrügliche Einheit dieser Seelen ausspricht – die im Augenblick verwirklicht ist durch die Zuneigung, verwirklicht zu ein und demselben idealen Drama, kraft der Ausgießung in der Kommunion ein und desselben Traumes. Wenn in einem Augenblick der Wind die Pflanzen niederbeugt und weithin die Äste bewegt, da läßt ein Hauch die Köpfe sich beugen oder sich plötzlich wieder erheben. Es ist nicht anders, als ob ein unsichtbarer Bote ihnen allen einen aufregenden Bericht brächte – sie alle scheinen mit Angst zu lauschen und mit tiefer Anteilnahme oder gar mit Schauder ein und dieselbe neue Nachricht anzuhören, die indessen in jedem ein anderes Echo erweckt. Die beklemmende Erregung der Musik ist auf ihrem Gipfel, ihre Anführung wird gebrochen durch einen tiefen Fall, ein neuer Anlauf folgt, verzweifelt wie nie zuvor. Die Musik geht ohne Grenzen im Licht auf, ihre Geheimnisse verlieren sich im Dunkeln, für einen sind es die weiten, ausgebreiteten Schaustücke des Lebens und des Todes, für das Kind sind es herzbeklemmende Verheißungen von Meeren und von fremden Ländern, für den leidenschaftlich Liebenden ist dieses Geheimnis grenzenlos, es ist das Hell-Dunkel der Leidenschaft. Der Denker sieht sein ganzes sittliches Leben sich abrollen. Verliert die Melodie den Schwung und sinkt herab, so ist es sein Fallen und seine Schwäche; aber sein ganzes Herz bäumt sich auf und nimmt einen Anlauf, wenn die Melodie ihren Aufschwung wiedergewinnt. Das mächtige Grollen der Harmonien erschüttert die geheimnisvollen, reichen Tiefen seiner Erinnerung bis zum Grunde. Der Mann des tätigen Lebens atmet keuchend in dem Gewirr der Akkorde, in dem Galopp der schnellen Tonfolgen; majestätisch triumphiert er in dem Adagio. Selbst die ungetreue Frau fühlt, wie ihr Fehltritt verziehen wird, er ist zu nichts geworden, denn auch er hatte seinen himmlischen Ursprung in dem nie gesättigten Herzen, dem die täglichen Freuden nie Genüge getan haben; wohl hatte es sich verirrt und seinen Weg verloren, aber doch nur auf der Suche nach dem Geheimnis – und von diesem Geheimnis strömt jetzt diese Musik über, voll wie die Stimme der Glocken krönt sie das sehnlichste Verlangen.

Wenn auch sonst der Musiker vorgibt, er genieße in der Musik nur das Vergnügen der technischen Vollendung, so zeigt auch er jetzt alle Zeichen einer echten Erregung, denn sie ist nur verschleiert durch sein musikalisches Schönheitsempfinden, und dieses Schönheitsempfinden hatte sich seinem eigenen Blick bisher verborgen. Und zuletzt ich selbst, ich höre in der Musik die weiteste, die umfassendste Schönheit des Lebens und des Todes, des Meeres und des Himmels, und von jetzt an fühle ich in deinem Zauber noch mehr Eigenes, nie und nirgends Wiederkehrendes. O du meine teure Vielgeliebte!

M A R C E L   P R O U S T

VERGÄNGLICHKEIT

Vor einiger Zeit machte ich in Gesellschaft eines schweigsamen Freundes und eines jungen, bereits rühmlich bekannten Dichters einen Spaziergang durch eine blühende Sommerlandschaft. Der Dichter bewunderte die Schönheit der Natur um uns, aber ohne sich ihrer zu erfreuen. Ihn störte der Gedanke, daß all diese Schönheit dem Vergehen geweiht war, daß sie im Winter dahingeschwunden sein werde, aber ebenso jede menschliche Schönheit und alles Schöne und Edle, was Menschen geschaffen haben und schaffen könnten. Alles, was er sonst geliebt und bewundert hätte, schien ihm entwertet durch das Schicksal der Vergänglichkeit, zu dem es bestimmt war.

Wir wissen, daß von solcher Versenkung in die Hinfälligkeit alles Schönen und Vollkommenen zwei verschiedene seelische Regungen ausgehen können. Die eine führt zu dem schmerzlichen Weltüberdruß des jungen Dichters, die andere zur Auflehnung gegen die behauptete Tatsächlichkeit. Nein, es ist unmöglich, daß all diese Herrlichkeiten der Natur und der Kunst, unserer Empfindungswelt und der Welt draußen, wirklich in Nichts zergehen sollten. Es wäre zu unsinnig und zu frevelhaft, daran zu glauben. Sie müssen in irgendeiner Weise fortbestehen können, allen zerstörenden Einflüssen entrückt.

Allein diese Ewigkeitsforderung ist zu deutlich ein Erfolg unseres Wunschlebens, als daß sie auf einen Realitätswert Anspruch erheben könnte. Auch das Schmerzliche kann wahr sein. Ich konnte mich weder entschließen, die allgemeine Vergänglichkeit zu bestreiten, noch für das Schöne und Vollkommene eine Ausnahme zu erzwingen. Aber ich bestritt dem pessimistischen Dichter, daß die Vergänglichkeit des Schönen eine Entwertung desselben mit sich bringe.

Im Gegenteil, eine Wertsteigerung! Der Vergänglichkeitswert, ist ein Seltenheitswert in der Zeit. Die Beschränkung in der Möglichkeit des Genusses erhöht dessen Kostbarkeit. Ich erklärte es für unverständlich, wie der Gedanke an die Vergänglichkeit des Schönen uns die Freude an demselben trüben sollte. Was die Schönheit der Natur betrifft, so kommt sie nach jeder Zerstörung durch den Winter im nächsten Jahre wieder, und diese Wiederkehr darf im Verhältnis zu unserer Lebensdauer als eine ewige bezeichnet werden. Die Schönheit des menschlichen Körpers und Angesichts sehen wir innerhalb unseres eigenen Lebens für immer schwinden, aber diese Kurzlebigkeit fügt zu ihren Reizen einen neuen hinzu. Wenn es eine Blume gibt, welche nur eine einzige

Nacht blüht, so erscheint uns ihre Blüte darum nicht minder prächtig. Wie die Schönheit und Vollkommenheit des Kunstwerks und der intellektuellen Leistung durch deren zeitliche Beschränkung entwertet werden sollte, vermochte ich ebensowenig einzusehen. Mag eine Zeit kommen, wenn die Bilder und Statuen, die wir heute bewundern, zerfallen sind, oder ein Menschengeschlecht nach uns, welches die Werke unserer Dichter und Denker nicht mehr versteht, oder selbst eine geologische Epoche, in der alles Lebende auf der Erde verstummt ist, der Wert all dieses Schönen und Vollkommenen wird nur durch seine Bedeutung für unser Empfindungsleben bestimmt, braucht dieses selbst nicht zu überdauern und ist darum von der absoluten Zeitdauer unabhängig.

Ich hielt diese Erwägungen für unanfechtbar, bemerkte aber, daß ich dem Dichter und dem Freunde keinen Eindruck gemacht hatte. Ich schloß aus diesem Mißerfolg auf die Einmengung eines starken affektiven Moments, welches ihr Urteil trübte, und glaubte dies auch später gefunden zu haben. Es muß die seelische Auflehnung gegen die Trauer gewesen sein, welche ihnen den Genuß des Schönen entwertete. Die Vorstellung, daß dieses Schöne vergänglich sei, gab den beiden Empfindsamen einen Vorgeschmack der Trauer um seinen Untergang, und da die Seele von allem Schmerzlichen instinktiv zurückweicht, fühlten sie ihren Genuß am Schönen durch den Gedanken an dessen Vergänglichkeit beeinträchtigt.

Die Trauer über den Verlust von etwas, das wir geliebt oder bewundert haben, erscheint dem Laien so natürlich, daß er sie für selbstverständlich erklärt. Dem Psychologen aber ist die Trauer ein großes Rätsel, eines jener Phänomene, die man selbst nicht klärt, auf die man aber anderes Dunkle zurückführt. Wir stellen uns vor, daß wir ein gewisses Maß von Liebesfähigkeit, genannt Libido, besitzen, welches sich in den Anfängen der Entwicklung dem eigenen Ich zugewendet hatte. Später, aber eigentlich von sehr frühe an, wendet es sich vom Ich ab und den Objekten zu, die wir solcherart gewissermaßen in unser Ich hineinnehmen. Werden die Objekte zerstört oder gehen sie uns verloren, so wird unsere Liebesfähigkeit (Libido) wieder frei. Sie kann sich andere Objekte zum Ersatz nehmen oder zeitweise zum Ich zurückkehren. Warum aber diese Ablösung der Libido von ihren Objekten ein so schmerzhafter Vorgang sein sollte, das verstehen wir nicht und können es derzeit aus keiner Annahme ableiten. Wir sehen nur, daß sich die Libido an ihre Objekte klammert und die verlorenen auch dann nicht aufgeben will, wenn der Ersatz bereitliegt. Das also ist die Trauer.

Die Unterhaltung mit dem Dichter fand im Sommer vor dem Kriege statt. Ein Jahr später brach der Krieg herein und raubte der Welt ihre Schönheiten. Er zerstörte nicht nur die

Schönheit der Landschaften, die er durchzog, und die Kunstwerke, an die er auf seinem Wege streifte, er brach auch unseren Stolz auf die Errungenschaften unserer Kultur, unseren Respekt vor so vielen Denkern und Künstlern, unsere Hoffnungen auf eine endliche Überwindung der Verschiedenheiten unter Völkern und Rassen. Er beschmutzte die erhabene Unparteilichkeit unserer Wissenschaft, stellte unser Triebleben in seiner Nacktheit bloß, entfesselte die bösen Geister in uns, die wir durch die Jahrhunderte während Erziehung von Seiten unserer Edelsten dauernd gebändigt glaubten. Er machte unser Vaterland wieder klein und die andere Erde wieder fern und weit. Er raubte uns so vieles, was wir geliebt hatten, und zeigte uns die Hinfälligkeit von manchem, was wir für beständig gehalten hatten.

Es ist nicht zu verwundern, daß unsere an Objekten so verarmte Libido mit um so größerer Intensität besetzt hat, was uns verblieben ist, daß die Liebe zum Vaterland, die Zärtlichkeit für unsere Nächsten und der Stolz auf unsere Gemeinsamkeiten jäh verstärkt worden sind. Aber jene anderen, jetzt verlorenen Güter, sind sie uns wirklich entwertet worden, weil sie sich als so hinfällig und widerstandsunfähig erwiesen haben? Vielen unter uns scheint es so, aber ich meine wiederum, mit Unrecht. Ich glaube, die so denken und zu einem dauernden Verzicht bereit scheinen, weil das

Kostbare sich nicht als haltbar bewährt hat, befinden sich nur in der Trauer über den Verlust. Wir wissen, die Trauer, so schmerzhaft sie sein mag, läuft spontan ab. Wenn sie auf alles Verlorene verzichtet hat, hat sie sich auch selbst aufgezehrt, und dann wird unsere Libido wiederum frei, um sich, insofern wir noch jung und lebenskräftig sind, die verlorenen Objekte durch möglichst gleich kostbare oder kostbarere neue zu ersetzen. Es steht zu hoffen, daß es mit den Verlusten dieses Krieges nicht anders gehen wird. Wenn erst die Trauer überwunden ist, wird es sich zeigen, daß unsere Hochschätzung der Kulturgüter unter der Erfahrung von ihrer Gebrechlichkeit nicht gelitten hat. Wir werden alles wieder aufbauen, was der Krieg zerstört hat, vielleicht auf festerem Grund und dauerhafter als vorher.

SIEGMUND FREUD

DEMUT

In einem sehr amüsanten Kinderbuch steht der Satz, daß ein Punkt keinen Raum einnimmt und in keine Teile zerfällt. Die Demut ist jene luxuriöse Kunst, sich selbst zu einem Punkt zu reduzieren, nicht zu einem großen oder kleinen Ding, sondern zu einem Ding, das überhaupt des Umfangs entbehrt, so daß, zu ihm gehalten, alle kosmischen Dinge das sind, was sie wirklich sind – von maßloser Größe. Daß die Bäume hoch sind und das Gras kurz, ist reiner Zufall; es gilt nur in Bezug auf unseren eigenen Maßstab. Aber für den, welcher auch nur einen Augenblick dieses müßigen Maßstabes sich entledigen konnte, wird das Gras zum ewigen Wald, die Meilensteine der Landstraßen zu rätselhaften Bergen; die Kuhblumen werden zu gigantischen, weithin leuchtenden Freudenfeuern, und die Maßliebchen auf ihren Stengeln zu Himmelssternen, einer den anderen überragend. Zwischen einem Zaunpfahl und dem nächsten sind neue erschreckende Landschaften: hier eine Wüste, die nichts anderes enthält als einen mißgestalteten Felsen; hier ein wunderbarer Wald, dessen Bäume leuchtende Kronen mit allen Farben des Sonnenunterganges tragen; dort wieder eine See voll von Ungeheuern, wie ein

Dante nicht gewagt hätte, sie zu erträumen. Das sind die Visionen desjenigen, der, wie das Kind im Märchenbuch, sich vor dem Kleinsein nicht fürchtet. Der andere Weise indes, dem Ehrgeiz und Größe als Richtschnur dienen, gleicht einem Riesen, der immer größer und größer wird, was nur so viel heißen will, als daß die Sterne immer kleiner und kleiner werden, Eine Welt nach der anderen zerrinnt ihm: das leidenschaftliche verworrene Leben der »Alltäglichen« geht ihm verloren, wie das Leben der Infusorien dem unkenntlich bleibt, der sie ohne Mikroskop beschaut. Er wandelt durch öde Ewigkeiten hin. Er mag neue Systeme gründen und sie vergessen; er mag neue Welten entdecken und sie wieder verwerfen. Aber die türmende und glühende Vision, wie sie wirklich sind: die gigantischen Maßliebchen, der feurige Löwenzahn, die ganze Odyssee seltsam farbiger Ozeane und phantastischer Bäume, – diese ganze ungeheure Vision wird zerrinnen mit dem letzten demütigen Menschen.

GILBERT K. CHESTERTON

MEIN GLAUBENSBEKENNTNIS

»Zu den Menschen zu gehören, die ihre besten Kräfte der Betrachtung und Erforschung objektiver, nicht zeitgebundener Dinge widmen dürfen und können, bedeutet eine besondere Gnade. Wie froh und dankbar bin ich, dass ich dieser Gnade teilhaftig geworden bin, die weitgehend vom persönlichen Schicksal und vom Verhalten der Nebenmenschen unabhängig macht. Aber diese Unabhängigkeit darf uns nicht blind machen gegen die Erkenntnis der Pflichten, die uns unaufhörlich an die frühere, gegenwärtige und zukünftige Menschheit binden.

Seltsam erscheint unsere Lage auf dieser Erde. Jeder von uns erscheint da unfreiwillig und ungebeten zu kurzem Aufenthalt, ohne zu wissen, warum und wozu. Im täglichen Leben fühlen wir nur, dass der Mensch um anderer willen da ist, solcher, die wir lieben, und zahlreicher anderer, ihm schicksalsverbundener Wesen.

Oft bedrückt mich der Gedanke, in welchem Maße mein Leben auf der Arbeit meiner Mitmenschen aufgebaut ist, und ich weiß, wie viel ich Ihnen schulde.

Ich glaube nicht an die Freiheit des Willens. Schopenhauers Wort: ‚Der Mensch kann wohl tun, was er will, aber er kann nicht wollen, was er will', begleitet mich in allen Lebenslagen und versöhnt mich mit den Handlungen der Menschen, auch wenn sie mir recht schmerzlich sind. Diese Erkenntnis von der Unfreiheit des Willens schützt mich davor, mich selbst und die Mitmenschen als handelnde und urteilende Individuen allzu ernst zu nehmen und den guten Humor zu verlieren.

Nach Wohlleben und Luxus strebte ich nie und habe sogar ein gut Teil Verachtung dafür. Meine Leidenschaft für soziale Gerechtigkeit hat mich oft in Konflikt mit den Menschen gebracht, ebenso meine Abneigung gegen jede Bindung und Abhängigkeit, die mir nicht absolut notwendig erschien.

Ich achte stets das Individuum und hege eine unüberwindliche Abneigung gegen Gewalt und gegen Vereinsmeierei. Aus allen diesen Motiven bin ich leidenschaftlicher Pazifist und Antimilitarist, lehne jeden Nationalismus ab, auch wenn er sich nur als Patriotismus gebärdet.

Aus Stellung und Besitz entspringende Vorrechte sind mir immer ungerecht und verderblich erschienen, ebenso ein übertriebener Personenkultus. Ich bekenne mich zum Ideal der Demokratie, trotzdem mir die Nachteile demokratischer Staatsform wohlbekannt sind. Sozialer Ausgleich und wirtschaftlicher Schutz des Individuums erschienen mir stets als wichtige Ziele der staatlichen Gemeinschaft.

Ich bin zwar im täglichen Leben ein typischer Einspänner, aber das Bewusstsein, der unsichtbaren Gemeinschaft derjenigen anzugehören, die nach Wahrheit, Schönheit und Gerechtigkeit streben, hat das Gefühl der Vereinsamung nicht aufkommen lassen.

Das Schönste und Tiefste, was der Mensch erleben kann, ist das Gefühl des Geheimnisvollen. Es liegt der Religion sowie allem tieferen Streben in Kunst und Wissenschaft zugrunde. Wer dies nicht erlebt hat, erscheint mir, wenn nicht wie ein Toter, so doch wie ein Blinder. Zu empfinden, dass hinter dem Erlebbaren ein für unseren Geist Unerreichbares verborgen sei, dessen Schönheit und Erhabenheit uns nur mittelbar und in schwachem Widerschein erreicht, das ist Religiosität. In diesem Sinne bin ich religiös. Es ist mir genug, diese Geheimnisse staunend zu ahnen und zu versuchen, von der erhabenen Struktur des Seienden in Demut ein mattes Abbild geistig zu erfassen.«

Albert Einstein

Gutes tu
ohne zu schielen.

AUS
CHINA

UN-RESOLUTION 65/275.

INTERNATIONALER TAG DER FREUNDSCHAFT

Die Generalversammlung, unter Hinweis auf die Ziele der Erklärung und des Aktionsprogramms für eine Kultur des Friedens und der Internationalen Dekade für eine Kultur des Friedens und der Gewaltlosigkeit zugunsten der Kinder der Welt (2001–2010) sowie alle ihre einschlägigen Resolutionen, in Anerkennung dessen, welche bedeutsame und wichtige Rolle die Freundschaft als eine edle und kostbare Empfindung im Leben der Menschen in aller Welt spielt, eingedenk dessen, dass die Freundschaft zwischen Völkern, Ländern, Kulturen und Menschen ein Ansporn für Friedensbemühungen sein kann und Gelegenheit bietet, Brücken zwischen Gemeinschaften zu bauen und die kulturelle Vielfalt zu würdigen, erklärend, dass die Freundschaft zu den im Einklang mit der Charta der Vereinten Nationen unternommenen Bemühungen der internationalen Gemeinschaft zur Förderung des Dialogs zwischen den Kulturen, der Solidarität, des gegenseitigen Verständnisses und der Aussöhnung beitragen kann, in der Überzeugung, wie wichtig es ist, die Jugend und die führenden Entscheidungs- träger von morgen in Gemeinschaftsaktivitäten einzubinden, deren Ziel die Einbeziehung verschiedener Kulturen und ihre gegenseitige Achtung ist, und gleichzeitig die internationale Verständigung, die Achtung der Vielfalt und eine Kultur des Friedens zu fördern, im Einklang mit der Erklärung und dem Aktionsprogramm für eine Kultur des Friedens, feststellend, dass jedes Jahr in vielen Ländern Aktivitäten, Veranstaltungen und Initiativen zum Thema Freundschaft stattfinden,

1. beschließt, den 30. Juli zum Internationalen Tag der Freundschaft zu bestimmen;

2. bittet alle Mitgliedstaaten, die Organisationen des Systems der Vereinten Nationen und sonstigen internationalen und regionalen Organisationen sowie die Zivilgesellschaft, einschließlich nichtstaatlicher Organisationen und Privatpersonen, den Internationalen Tag der Freundschaft in angemessener Weise und im Einklang mit der Kultur und den sonstigen lokalen, nationalen und regionalen Gegebenheiten oder Bräuchen zu begehen, einschließlich durch Bildungsarbeit und Sensibilisierungsmaßnahmen;

3. ersucht den Generalsekretär, diese Resolution allen Mitgliedstaaten und Organisationen des Systems der Vereinten Nationen zur Kenntnis zu bringen.

DAS NETZ DER ERTRUNKENEN FISCHER

Ein uralter Brauch, zeitweilig unterbrochen, immer wieder auferstanden:

Blieb einer der bretonischen Fischer auf See, hinterließ er Frau und Kind, so führten die Boote des Dorfes fortan ein drittes Netz an Bord: das Netz des Toten.

Sein Fang wurde geteilt:

Die Hälfte den Fängern.

Die Hälfte der Familie des Vermißten.

Solange, bis die Söhne groß genug waren, selber für die Mutter zu sorgen.

Zeitweilig schlief der Brauch ein, wie gesagt; möglicherweise, ja wahrscheinlich, weil inzwischen Staat, Rente, Assekuranz an die Stelle von Überlieferung und Patriarchalität traten.

Dann aber kam der Krieg.

Zahllose Männer fielen.

Es gab Einbußen auch an Hab und Gut.

Es kam die allgemeine Abwertung des Geldes, der auch die Renten unterlagen.

Und es kam, weil die Ämter sich überhoben, die Abkehr vom Primat des Staates.

Man besann sich wieder auf die einfältig kostbaren Dinge des Lebens, Anstand, Freundschaft, Nachbarschaft – die nobelste Rente.

Nun fahren sie wieder mit dem dritten Netz an Bord, die Fischer der Bretagne.

Die Hälfte des Fangs den Hinterbliebenen; die Hälfte den Fängern, nach unvordenklichem Gebrauch.

So war's, solange sie Fischfang trieben; solange die schwarzen Kleider einer Witfrau, die blassen Gesichter verwaister Kinder immer wieder in den Küstendörfern mahnten.

»Hol' ein das Netz! Hol' ein die Freundschaft! Hol' ein das stumme Herz der Toten!«

MARTIN LUTHER KING: REDE ZUR VERLEIHUNG DES FRIEDENSNOBELPREISES AM 10. DEZEMBER 1964

Ihre Majestät, Ihre königliche Hoheit, Herr Präsident, Exzellenzen, meine Damen und Herren: Ich nehme den Friedensnobelpreis an zu einem Zeitpunkt, an dem 22 Millionen Schwarze der Vereinigten Staaten einen kreativen Kampf führen, um die lange Nacht der rassischen Ungerechtigkeit zu beenden. Ich nehme diese Auszeichnung im Namen einer Bürgerrechtsbewegung an, die entschlossen und mit erhabener Geringschätzung von Risiko und Gefahr dahin drängt, ein Reich der Freiheit und die Herrschaft der Gerechtigkeit zu errichten. Ich tue das eingedenk dessen, dass erst gestern in Birmingham, Alabama, unseren Kindern, die nach Brüderlichkeit riefen, mit Wasserwerfern, knurrenden Hunden und sogar dem Tod begegnet wurde. Eingedenk dessen, dass erst gestern in Philadelphia, Mississippi, junge Menschen, die sich ihr Wahlrecht sichern wollten, misshandelt und ermordet wurden. Eingedenk dessen, dass schwächende und nagende Armut meinem Volk zu schaffen macht und es an die unterste Sprosse der ökonomischen Leiter kettet.Deshalb muss ich fragen, warum dieser Preis einer Bewegung verliehen wird, die belagert wird und sich dem unerbittlichen Kampf verschrieben hat, und einer Bewegung, die den Frieden und die Brüderlichkeit noch nicht erreicht hat, die das Wesen des Nobelpreises ausmachen. Nach reiflicher Überlegung komme ich zu dem Schluss, dass diese Auszeichnung, die ich im Namen dieser Bewegung entgegennehme, eine große Anerkennung der Tatsache ist, dass Gewaltlosigkeit die Antwort auf die zentralen politischen und moralischen Fragen unserer Zeit darstellt: die Notwendigkeit für die Menschheit, Unterdrückung und Gewalt zu überwinden, ohne auf Gewalt und Unterdrückung zurückzugreifen. Zivilisation und Gewalt sind gegensätzliche Konzepte. Die Schwarzen in den Vereinigten Staaten haben in der Nachfolge der Menschen Indiens gezeigt, dass Gewaltlosigkeit nicht sterile Passivität bedeutet, sondern eine mächtige moralische Kraft darstellt, die soziale Veränderungen bewirkt. Früher oder später werden alle Menschen auf der Welt einen Weg finden müssen, in Frieden zusammenzuleben und dabei diese vorläufige kosmische Elegie in einen kreativen Psalm der Brüderlichkeit verwandeln. Wenn das erreicht werden soll, muss die Menschheit für alle menschlichen Konflikte eine Methode entwickeln, die Rache, Aggression und Vergeltung zurückweist. Das Fundament einer solchen Methode ist Liebe. Die dornige Straße, die von Montgomery, Alabama, nach Oslo geführt hat, bezeugt diese Wahrheit, und es ist eine Straße, die Millionen Schwarze entlanggehen, um ein neues Verständnis von Würde zu finden. Dieselbe Straße hat allen Amerikanern eine neue Ära des Fortschritts und der Hoffnung eröffnet. Sie hat zu einem neuen Bürgerrechtsgesetz geführt, und sie wird, davon bin ich überzeugt, verbreitert und verlängert werden in eine riesige Autobahn der Gerechtigkeit, wenn eine zunehmende Anzahl Schwarzer und Weißer Bündnisse eingehen, um ihre gemeinsamen Probleme zu überwinden. Ich nehme heute diese Auszeichnung an im dauernden Glauben an Amerika und im kühnen Glauben an die Zukunft der Menschheit. Ich weigere mich anzuerkennen, dass Verzweiflung die letzte Antwort auf die Wechselfälle der Geschichte darstellt. Ich weigere mich, die Vorstellung anzuerkennen, dass das »Sein« der gegenwärtigen menschlichen Natur ihn in moralischer Hinsicht unfähig macht, nach dem ewigen »Sollen« zu streben, das ihm für immer gegenübersteht. Ich weigere mich, die Vorstellung anzuerkennen, dass der Mensch bloßes Treibgut im Fluß des Lebens ist, unfähig, die sich entfaltenden Ereignisse zu beeinflussen, die ihn umgeben. Ich weigere mich, die Ansicht anzuerkennen, dass die Menschheit derart auf tragische Weise mit der sternlosen Mitternacht des Rassismus und Krieges verstrickt ist, dass der helle Tagesanbruch des Friedens und der Brüderlichkeit niemals Wirklichkeit werden kann. Ich weigere mich, die zynische Bemerkung anzuerkennen, dass Nation für Nation eine militaristische Treppe hinabsteigen muss bis zur Hölle der nuklearen Auslöschung. Ich glaube daran, dass in Wirklichkeit unbewaffnete Wahrheit und bedingungslose Liebe das letzte Wort haben werden. Das ist der Grund, warum Recht, auch wenn es vorläufig besiegt wurde, stärker ist als das triumphierende Böse. Ich glaube daran, dass es selbst mitten in den heutigen Granateneinschlägen und mitten im Pfeifen der Patronen Hoffnung gibt auf ein helleres Morgen. Ich glaube daran, dass die verwundete Gerechtigkeit, die hingestreckt daliegt auf den blutüberströmten Straßen unserer Nation, aus diesem Staub der Schande emporgehoben werden kann, um die höchste Herrscherin unter den Menschen zu sein. Ich besitze die Kühnheit, daran zu glauben, dass alle Menschen drei Mahlzeiten täglich für ihren Körper, Bildung und Kultur für ihren Geist und Würde, Gleichheit und Freiheit für ihre Seele haben können. Ich glaube daran, dass das, was auf sich selbst fixierte Menschen niedergerissen haben, von Menschen aufgebaut werden kann, die nicht auf sich selbst fixiert sind. Ich glaube immer noch daran, dass die Menschheit sich eines Tages vor dem Altar Gottes verneigen wird, um gekrönt zu werden für den Sieg über Krieg und Blutvergießen, und dass gewaltfrei befreiender guter Wille zum Recht des Landes erklärt wird. Und der Löwe und das Lamm werden nebeneinander liegen, und jeder Mensch wird in seinem Garten sitzen, und niemand wird sich fürchten. Ich glaube immer noch daran, dass wir überwinden werden. Dieser Glaube kann uns Mut geben, den Unsicherheiten der Zukunft ins Auge zu sehen. Er wird unseren erschöpften Füßen neue Kraft geben, wenn wir unseren Weg hin zur Stadt der Freiheit fortsetzen. Wenn unsere Tage trostlos werden mit niedrig hängenden Wolken und unsere Nächte dunkler werden als tausend Mitternächte, dann werden wir wissen, dass wir in den kreativen Unruhen einer eigenen Zivilisation leben, die darum kämpft, geboren zu werden. Heute komme ich nach Oslo als ein Sachwalter, inspiriert und mit erneuerter Hingabe an die Menschlichkeit. Ich nehme diesen Preis an im Namen aller Menschen, die Frieden und Brüderlichkeit lieben. Ich sage, ich komme als Sachwalter, denn tief in meinem Herzen weiß ich, dass dieser Preis weit mehr ist als eine Ehre für mich persönlich. Jedesmal wenn ich fliege, tue ich das eingedenk der vielen Leute, die eine erfolgreiche Reise ermöglichen, eingedenk der bekannten Piloten und des unbekannten Bodenpersonals. Sie ehren die hingebungsvollen Piloten unseres Kampfes, die an den Schalthebeln gesessen sind, als die Freiheitsbewegung in den Orbit abhob. Sie ehren, einmal mehr, Häuptling Lutuli aus Südafrika, dessen Kämpfen mit und für sein Volk immer noch mit der brutalsten Ausdrucksform menschlicher Unmenschlichkeit gegenüber Menschen begegnet wird. Sie ehren das Bodenpersonal, ohne dessen Mühen und Opfer die Flüge zur Freiheit niemals den Boden hätten verlassen können. Die meisten dieser Menschen werden es nie in die Schlagzeilen schaffen, und ihre Namen werden nie im Who's Who auftauchen. Doch nach Jahren, wenn das helle Licht der Wahrheit auf dieses wundervolle Zeitalter gerichtet werden wird, in dem wir leben, werden Männer und Frauen wissen und Kindern wird man es lehren, dass wir ein besseres Land haben, bessere Menschen, eine edlere Zivilisation, weil diese demütigen Kinder Gottes gewillt waren, für die rechte Sache zu leiden. Ich denke, Alfred Nobel würde wissen, was ich meine, wenn ich sage, dass ich diese Auszeichnung annehme im Geist eines Verwalters von einem wertvollen Erbstück, das er für die wahren Besitzer aufbewahrt: all diejenigen, denen die Wahrheit Schönheit bedeutet und die Schönheit Wahrheit und in deren Augen die Schönheit von echter Brüderlichkeit und Frieden wertvoller ist als Diamanten oder Silber oder Gold.

Vielen Dank

GOTT VERGELT'S, KLEINER MANN!

Zwei Groschen hat der kleine Klaus gespart, in Pfennig-stücken, eins nach dem anderen, lange Zeit.

Und zween Mark, zwei silberne Mark, hat lächelnd der Opa hinzugetan.

Klaus schläft manchmal schlecht. Der Kindertraum ist gar so gewaltig: was er sich alles, zu Weihnacht, von seinen zween Mark, den zwanzig Pfennigstückchen, wünschen, kaufen, anschaffen kann. Eher erlaubt's die Mutti nicht; sie hat's ja selber nicht reichlich.

Sie geht auf Arbeit über Tag, die gute Mutti, und Klaus ist ganz allein in der Wohnung.

»Öffnen verboten!«

Wie häufig hat sie's ihm eingeprägt, jeden Morgen im Grunde.

Und so auch heute.

Da klingelt's, kaum ist sie fort.

Klaus lugt durch den Briefschlitz der Haustür.

Er sieht nur zwei Männerbeine, ausgefranste Hosen, Stiefel mit Rissen.

Es klingelt abermals.

Klaus lugt und lauscht und denkt an die Mutti.

Und nun, weil niemand öffnet, gehen die Schritte zur anderen Tür. Man wohnt hier zu zweit, auf der gleichen Etage.

Da sieht Klaus: es ist ein alter, gebrechlicher Mann; und er bettelt.

Die Nachbarin macht die Tür nur um ein winziges Spältchen auf, schlägt gleich wieder zu:

»Hier wird nicht gegeben!«

Müde, traurig und enttäuscht stolpert der Alte die Treppe nach unten.

Ein Weilchen sinnt der kleine Klaus.

Von Bettlern hat er im Märchen gehört.

Und von den harten Herzen der Menschen.

Dann läuft er, holt das Kästchen mit dem ersparten Schatz.

Die beiden Groschen nimmt er heraus, in Pfennigstückchen, öffnet die Tür und klettert, der kleine Mann, mühselig Stufe um Stufe hinab.

Da steht er noch, der Alte: frierend, nicht wissend, wohin.

»Hier!« sagt Klaus, gibt ihm das Geld, tut die Händchen hinter den Rücken – und sieht, was geschieht.

Nichts geschieht; außer, daß der Alte sich wundert.

Und sich freut.

Schon macht das Kläuschen auf den Hacken kehrt, eilt wieder hinauf, kommt wieder herab – und hat die beiden Silbermark in den Fäustchen, sorgsam aufeinandergelegt, daß er sie nimmer verliere.

»Da!« sagt er abermals und wartet: Wohl auf das Wunder, das jetzt im Märchen seine Stelle hat.

Und hätte die Mutti ihr Geld nicht verschlossen – es wäre, weiß der Himmel, den zwei Mark und zwanzig womöglich noch mehr gefolgt.

So schön, findet Klaus, ist das Schenken an Arme.

„Gott vergelt's, kleiner Mann!« sagt der Alte: »Gott vergelt's!«

Was die Mutti am Abend dazu sagte, wissen wir nicht.

Aber wir denken: sie hat gelächelt und den kleinen Kerl ans Herz genommen – das gleiche Herz, das in der Mutterbrust schlug.

AUFHEITERUNGEN

Der erste Schmerz ist wie der letzt'
zum Grenzpfahl dieser Welt gesetzt.
Dazwischen freilich kann's auf Erden
mitunter auch recht lustig werden.

EUGEN ROTH

GEGENSEITIGE HILFE IN DER TIER- UND MENSCHENWELT

Nun kommen wir an den Bund der Mütter. »Sie können sich keinen Begriff machen«, so erzählte mir jüngst eine Ärztin, die sich in einem Armenviertel niedergelassen hat, »wie sehr sie einander helfen. Wenn eine Frau für das Kind, das sie erwartet, nichts in Bereitschaft hat oder nichts haben kann – und wie oft kommt das vor! – dann bringen alle Nachbarinnen etwas für das Neugeborene. Eine Nachbarin sorgt immer für die Kinder, und andere sehen immer schnell nach der Wirtschaft, solange die Mutter zu Bett liegt.« Das ist ein allgemeiner Brauch. Er wird von all denen berichtet, die unter den Armen gelebt haben. Mit tausenderlei Kleinigkeiten unterstützen die Mütter einander und sorgen für Kinder, die nicht ihre eigenen sind. Einige Erziehung – ob gut oder schlecht, mögen sie selbst entscheiden – ist erforderlich, damit eine Dame der reicheren Klassen imstande ist, an einem frierenden und hungernden Kind auf der Straße vorbeizugehen, ohne es zu bemerken. Aber die Mütter der ärmeren Klassen haben keine solche Erziehung. Sie können den Anblick eines hungrigen Kindes nicht aushalten; sie müssen ihm etwas zu essen geben und sie tun es. »Wenn die Schulkinder um Brot bitten, so werden sie selten oder eigentlich nie zurückgewiesen« – so schreibt mir eine Freundin, die mehrere Jahre in Verbindung mit einem Arbeiterklub in Whitechapel gewirkt hat. Aber vielleicht ist es angezeigt, einige weitere Stellen aus ihrem Brief hierherzusetzen:

»Erkrankte Nachbarn ohne die geringste Entschädigung zu pflegen, ist unter den Arbeitern ganz allgemein üblich. Und wenn eine Frau kleine Kinder hat und zur Arbeit geht, sorgt eine andere Mutter immer für die Kinder.«

»Wenn die Leute in den Arbeiterklassen einander nicht helfen würden, könnten sie nicht bestehen. Ich kenne Familien, die fortwährend einander helfen – mit Geld, Nahrung, Feuerung, mit der Sorge für die Kinder, in Krankheits- und Todesfällen.«

»Mein und Dein wird unter den Armen viel weniger scharf unterschieden als unter den Reichen. Stiefel, Kleider, Hüte usw. – was sofort gebraucht wird – leihen sie fortwährend voneinander, und ebenso alle möglichen Wirtschaftsgegenstände.«

»Im letzten Winter hatten die Mitglieder des United Radical Club etwas Geld aufgebracht und nach Weihnachten fingen sie an, unter die Schulkinder unentgeltlich Suppe und Brot zu verteilen. Allmählich waren es 1800 Kinder, mit denen sie zu tun hatten. Das Geld kam von Außenstehenden, aber alle Arbeit taten die Klubmitglieder. Einige von ihnen, die keine Arbeit hatten, kamen um vier Uhr morgens, um die Gemüse zu waschen und zu schälen; fünf Frauen kamen um neun oder zehn Uhr (nachdem sie ihre eigene Wirtschaft besorgt hatten), um zu kochen, und blieben bis sechs oder sieben Uhr, um das Geschirr abzuwaschen. Und zur Essenszeit, zwischen zwölf und halb zwei Uhr, kamen zwanzig bis drei-ßig Arbeiter herzu, um beim Austeilen der Suppe zu helfen, und jeder blieb so lange, als er von seiner Tischzeit erübrigen konnte. So ging es zwei Monate lang. Bezahlt wurde niemand.«

Meine Freundin berichtet auch einige Einzelfälle, von denen die folgenden typisch sind:

»Annie W. wurde von ihrer Mutter bei einer alten Frau in Wilmot Street in Pension gegeben. Als ihre Mutter starb, be-hielt die alte Frau, die selbst sehr arm war, das Kind, ohne einen Pfennig dafür zu erhalten. Als die alte Frau auch in ihrer Todeskrankheit lag, wurde das Kind, das fünf Jahre alt war, natürlich vernachlässigt und war recht zerlumpt; aber eines Tages nahm Frau S. es mit sich, die Frau eines Schuhmachers, die selbst sechs Kinder hat.«

»Jüngst pflegte Frau M., eine Mutter von sechs Kindern, Frau M. während ihrer Krankheit, und nahm das älteste Kind mit sich nach Hause ... Aber brauchen Sie solche Tatsachen? Sie sind ganz allgemein ... Ich kenne auch Frau W. (Oval, Hackney Road), die eine Nähmaschine hat und fortwährend für andere näht, ohne je die geringste Entschädigung zu nehmen, obwohl sie selbst für fünf Kinder und ihren Mann zu sorgen hat ... usw.«

Für jeden, der das Arbeiterleben kennt, ist es klar, dass sie, wenn nicht in großem Maße unter ihnen gegenseitige Hilfe geübt würde, sich niemals durch alle Schwierigkeiten durchschlagen könnten. Es ist nur glücklicher Zufall, wenn eine Arbeiterfamilie ihr Leben verbringen kann, ohne in Lagen zu kommen, wie die Krise, die der Bandweber Joseph Gutteridge in seiner Selbstbiographie beschreibt. Und wenn nicht alle in solchen Fällen zugrunde gehen, so verdanken sie es gegenseitiger Hilfe. In Gutteridges Fall war es eine alte Kinderfrau, die selbst jämmerlich arm war und die in dem Augenblick auftauchte, wo die Familie vor der letzten Katastrophe stand, und ihnen Brot, Kohlen und Betten brachte, die man ihr auf

Kredit gegeben hatte. In anderen Fällen ist es sonst jemand, oder die Nachbarn tun Schritte, die Familie zu retten. Aber wie viele wären ohne die Hilfe anderer Armer alljährlich völlig zugrunde gegangen.

Nachdem Mr. Plimsoll einige Zeit mit 7,50 Mark in der Woche unter den Armen gelebt hatte, war er genötigt, anzuerkennen, dass die freundlichen Gefühle, die er zu Beginn dieses Lebens gehegt hatte, »in herzliche Hochachtung und Bewunderung« umschlugen, als er sah, wie die Beziehungen unter den Armen von gegenseitiger Hilfe und Unterstützung erfüllt sind, und die einfachen Wege kennen lernte, auf denen diese Unterstützung gegeben wird. Nach einer Erfahrung vieler Jahre kam er zu dem Schluss: »Wenn man darüber nachdenkt, findet man: so wie diese Menschen waren, so sind die meisten in der Arbeiterklasse.« Das Aufziehen von Waisen, selbst in den ärmsten Familien, ist eine so weitverbreitete Sitte, dass man es als allgemein herrschende Regel schildern kann: so zeigte es sich bei den Bergleuten nach den zwei Explosionen von Warren Vale und Lund Hill, dass »fast ein Drittel der getöteten Männer, wie die betreffenden Komitees bezeugen können, in dieser Weise außer für Weib und Kind noch Verpflichtungen für Verwandte auf sich genommen hatten.« – »Hat man darüber nachgedacht«, fügte Mr. Plimsoll hinzu, »was das bedeutet? Reiche, auch bloß wohlhabende

Leute tun das, ohne Zweifel. Aber man bedenke den Unterschied.« Man bedenke, was die Summe von einer Mark, die jeder Arbeiter zeichnet, um der Witwe eines Kameraden zu helfen, oder von fünfzig Pfennig, um einem Kollegen zu helfen, die Mehrkosten eines Begräbnisses zu bestreiten, für jemanden bedeutet, der sechzehn Mark in der Woche verdient und eine Frau und oft fünf oder sechs Kinder zu erhalten hat. Aber solche Unterstützungen durch Zeichnen von Beiträgen sind ein allgemeiner Brauch der Arbeiter in aller Welt. selbst in viel gewöhnlicheren Fällen als bei einem Todesfall in der Familie, und Hilfe bei der Arbeit ist das häufigste Vorkommnis ihres Lebens.

PETER KROPOTKIN

ZEHN MARK

Der Kiosk gehört ihr nicht. Alternde, verhärmte Frau. Sie hat die Einnahmen jeden Abend abzuliefern.

Ansichtskarten, Zeitungen, Journale, Tabak, Zigaretten, Kaugummi, Schokolade, Bonbons – womit man so handelt, an diesem Ausflugsort, nicht wahr?

Zehner, eine halbe, eine ganze Mark, manchmal ein Schein. Am Abend erst kann sie die Kasse überprüfen.

Ein mühseliges, ein bängliches Geschäft.

Wie, wenn etwas nicht stimmt?

Sie hat dafür einzustehen.

Mit Recht.

Mitleid, Nachsicht gibt es nirgends.

So ist das Leben.

Und dann, eines Abends, fehlten zehn Mark.

Zehn Mark – man denke!

Sehr viel, unendlich viel für den Armen.

Zehn Mark, an denen Stellung, Nahrung – ja, an denen das Leben zuweilen hängt!

Was wissen die Kur-, die Feriengäste von der Armut?

Zehn Mark: manchmal das Ende.

Zehn lumpige Mark, ein schmutziger Schein!

Sie versucht, sich zu besinnen.

Sie grübelt verzweifelt.

Zu viele Gesichter über Tag – es fällt ihr nicht ein.

Sie hofft auf den Morgen: vielleicht, daß über Nacht der Irrtum sich klärt.

Sie hofft auf das Wunder.

Aber es gibt kein Wunder.

Schlaflose Nacht.

Keine Ersparnis, um Ersatz zu leisten.

Erbärmliches Leben.

Erbärmlich – und niemand, der sich erbarmt.

Die gleichen zehn Mark aber finden sich – sie weiß nicht wieso – im Täschchen der kleinen Inge. Inge: ein Mädchen von sechzehn Jahren.

»Herrjeh!« ruft sie aus: »Mein Geld hat gejungt!«

Es ist Abend. Die jungen Leute, auf einer Wanderfahrt begriffen, lagern in Zelten.

Man umringt das Mädchen. Man lacht: »Daß uns das niemals passiert!«

Klar, daß irgendjemand sich versehen hat.

»Selber schuld! Wie oft bekommt man zu wenig heraus!«

So die Meinung der meisten.

»Natürlich behältst du den Schein, dumme Inge!«

Inge aber grübelt in der Nacht:

Wo mag sie das Geld nur bekommen haben?

Sie denkt hin und her.

Und sie denkt wohl auch laut.

»Du bist verrückt, Mädchen!« sagt die Freundin: »Du bringst es nicht weit!«

Inge hört gar nicht hin.

Und plötzlich kommt ihr der Einfall:

Ein Kiosk!

Die alte Frau! Das gute Gesicht!

Sie kaufte etwas und gab einen Schein.

Zehn Mark. Auf zwanzig aber hat die Frau herausgegeben:

So war es! So mußte es sein!

Sehr früh am Morgen steht Inge auf.

»Haben Sie mir nicht gestern?«

»Mein Gott!«

Die Frau fängt an zu weinen. Sie möchte lachen vor Glück; und nun werden Tränen daraus.

»Ja – gibt es das denn noch?«

Freilich – gibt es das noch: den Anstand, das gute Gewissen, den Adel der Gesinnung, der sich am lumpigen Schein bewährt.

Man muß nur manchmal suchen, sehr suchen.

DAS WÖRTLEIN

Kürzlich kam ein Wort zu mir,
staubig wie ein Wedel,
wirr das Haar, das Auge stier,
doch von Bildung edel.

Als ich, wie es hieße, frug,
sprach es leise: »Herzlich«.
Und aus seinem Munde schlug
eine Lache schmerzlich.

»Wertlos ward ich ganz und gar,«
rief's, »ein Spiel der Spiele,
Modewort mit Haut und Haar,
Kaviar für zu viele.«

Doch ich wusch's und bot ihm Wein,
gab ihm wieder Würde,
und belud ein Brieflein fein
mit der leichten Bürde.

Schlafend hat's die ganze Nacht
weit weg reisen müssen.
Als es morgens aufgewacht,
kam ein Mund - es küssen.

CHRISTIAN MORGENSTERN

DER VERBOGENE HUT

Ein Mann trägt einen Hut; dessen Krempe ist völlig abgegriffen, ganz und gar verbogen.

Kein Herr, kein Bürger, der solchen Hut noch an sich dulden würde!

Zuweilen kommt dieser Mann in die alte Heimat; sein Beruf hält ihn außerhalb fest.

Dann dringen sie in ihn, die Verwandten, die Freunde:

»Wie kannst du nur!«

»In deinem Amt, deiner Stellung!«

»Man muß auf sich halten!«

»Dein Hut, dieser Hut – aber, aber, mein Lieber! Wie kommt das nur? So abgegriffen? So verbogen?«

»Woher das kommt?« meint lächelnd der Mann: »Ganz einfach: vom Grüßen! Vom gar so vielen Grüßen, nicht wahr? Mein Amt? Mein Beruf? Es bringt das eben so mit sich, mein Amt, der Beruf! Versteht Ihr?«

Nein, sie verstehen nicht.

Der Mann ist Pastor.

Pastor in Bethel, Bielefeld.

Sein Umgang sind Kranke. Auch die, welche schwachen Geistes sind.

Aber er grüßt sie, im Park der Anstalt – den einen wie den anderen, ohne Unterschied.

Höflich, ehrerbietig, unaufhörlich.

Er entblößt sein Haupt: Respekt vor dem Allergeringsten!

»Mein Hut?« sagt der Pastor: »Ich würde lieber gar keinen tragen! Aber so übersieht man's vielleicht, wenn ich grüße; man fühlt sich gekränkt. Sie sind sehr empfindsam, sehr leicht zu verletzen – die, welche abseits stehen! Es bedarf also des Hutes!«

Er sieht ihn an, er betrachtet ihn, diesen Hut, und lächelt abermals: »Kein Geßlerhut, kein Pontius Pilatus, nicht wahr?«

So hat auch mancher Pastorhut seine Geschichte.

GROSSVATERS NÜSSE

Unversehens jubelten die Kinder auf: »Großvaters Nüsse sind gefallen!« Sie liefen in den Garten und begannen aufzulesen.

»Großvaters Nüsse!« wiederholte lächelnd der Vater, ein schwäbischer Bauer im Banat: »Es sind eigentlich Urgroßvaters Nüsse! Aber so weit denkt heute keiner zurück. Als mein Vater noch klein war, begann der Baum, gerade eben zu tragen. Der Urgroßvater aber pflanzte ihn!«

Ja, so war es.

Es gab hier damals noch diese alte, schöne Sitte:

Sobald ein Mann sein Haus begründete, einen Hof erwarb, setzte er einen Walnußbaum.

»Warum gerade einen Walnußbaum?«

»Er reift sehr spät. Man wartet von Jahr zu Jahr, daß er trägt. Und das bindet, ja? Gerade das! Fester als alles, was schon gibt!«

Als der Urgroßvater diesen Baum pflanzte, dachte er gewiß nicht an sich selbst, nicht einmal so sehr an die Kinder.

Er sah ihn groß, mächtig, schattenspendend, Frucht verschenkend, über den hellen Schöpfen seiner Kindes-, seiner Kindeskindeskinder – so wie es nun in Wirklichkeit war.

Auf diesen leeren Raum
pflanz' einen Walnußbaum
und pflege sein!
Er bringt's den Kindern,
den Kindeskindern
tausendfältig ein!

»Ja«, sagte der alte Schwabenbauer: »Und jetzt ist's schon das vierte Geschlecht. Was weiß ich noch vom Urgroßvater? Nichts als dies hier: diesen Baum. Und ist ein gutes Wissen, denke ich. Und war eine gute Tat! Kann man's so nennen?«

»Ja!« dachte ich: »So kann man wohl sagen!«

FRÜHLING

So hast du in Behutsamkeit
Mit Lauben und mit Ranken
Den Garten meiner Nacht umsäumt
Jetzt lächeln die Gedanken.
Nun singen mir im Gitterwerk
Die süßen Nachtigallen
Und wo ich immer lauschen mag
Will mir ein Lied einfallen.
Die Sonne strahlt in deinem Blick
Und geht in meinem unter.
So schenkst du mir den schönen Tag
Ein mildes Sternenwunder.
So hast du meinen dunklen Traum
Durchleuchtet aller Enden
Und wo ich immer schreiten mag,
Begegne ich deinen Händen.

HUGO BALL

GEMEINSAM

Vergesset nicht
Freunde
wir reisen gemeinsam

besteigen Berge
pflücken Himbeeren
lassen uns tragen
von den vier Winden

Vergesset nicht
es ist unsre
gemeinsame Welt
die ungeteilte
ach die geteilte

die uns aufblühen läßt
die uns vernichtet
diese zerrissene
ungeteilte Erde
auf der wir
gemeinsam reisen

ROSE AUSLÄNDER

Darin besteht die Liebe: Daß sich zwei Einsame beschützen und berühren und miteinander reden.

RAINER MARIA RILKE

Der Idee unseres Verlags folgend, historische Texte zu veröffentlichen, die für heutige Leserinnen und Leser nützlich sind, schöpft unsere Auswahl insbesondere aus drei Sammlungen, deren Anliegen dem unseren entspricht. Diese Sammlungen sind:

BEISPIELE DES GUTEN, Eine Galerie edler Handlungen und Charakterzüge aus der Geschichte aller Zeiten und Völker, J. L. Erwald, Verlag Steinkopfsche Buchhandlung, Stuttgart: 1845. Erwalds Sammlung entstammen die Texte auf S. 2, 28, 34, 36, 38, 52, 54, 84, 87, 89, 90, 122, 124, 128, 132, 147

DAS BUCH DER GUTEN WERKE 1914–1918, hg. v. Bernhard Diebold, Societäts-Verlag Frankfurt a. M.: 1932. Diebolds Sammlung entstammen die Texte auf S. 149, 150, 163, 166, 169, 178, 180, 184

GELEBTE MENSCHLICHKEIT, Dokumente des Herzens nach zeitgenössischen Berichten, Buch- und Zeitschriftenverlag Dr. Hans Riegler Stuttgart, 4. Auflage, Ausgabe 1960, S. 174, 234, 242, 252, 258, 260

Die weiteren Quellenangaben folgen der Chronologie des Buches:
Ivan Goll: »Der Mensch ist gut«, entnommen: Ivan Goll, Das Lächeln Voltaires – Ein Buch in diese Zeit, Rhein-Verlag Basel, 1921

DIE VOLLEN UND ÜBERSCHWENGLICHEN GENÜSSE, EIN LEBEN IN EDELMUT UND MENSCHENLIEBE ZU FÜHREN, entnommen Heinrich von Kleist: »Aufsatz, den sichern Weg des Glücks zu finden, und ungestört, auch unter den größten Drangsalen des Lebens, ihn zu genießen!«, Werke und Briefe in vier Bänden, Band 3, Berlin und Weimar, 1978

VÄTERLICHER RATH FÜR MEINE TOCHTER, Joachim Heinrich Campe, Braunschweig, 1796

DAS BUCH VON DER STADT DER FRAUEN, Le Livre de la Cité des Dames, Christine de Pizan, in der Übersetzung von Margarete Zimmermann, entnommen: Christine de Pizan, Das Buch von der Stadt der Frauen, Deutscher Taschenbuch Verlag, München, 1995

ERKENNTNIS, Margarete Liebmann, »Weltbühne«, 1921

HÖFLICHKEIT UND WAHRER EDELMUT, entnommen Samuel Smiles: Der Charakter, übersetzt von Heinrich Schmidt-Jena, Kröner-Verlag, Stuttgart, 1925

DIE SEELE, Hildegard von Bingen, entnommen: Hildegard von Bingen, Symphonia – Gedichte und Gesänge, in der Übersetzung von Walter Berschin und Heinrich Schipperges, Verlag Lambert Schneider, Gerlingen, 1995

TAO TE KING – DAS BUCH VOM SINN UND LEBEN, entstanden um 400 v. Chr., in der Übersetzung von Richard Wilhelm, Verlag Eugen Diederichs, Jena, 1921

MEINER LIEBEN SCHWIEGERTOCHTER ALMA, Friedrich Rückert: Gesammelte Gedichte, Verlag von Carl Heyder, Erlangen, 1837

DIE BESTIMMUNG DES MENSCHEN ZUR GEMEINSCHAFT, Aristoteles, entnommen: Aristoteles, Nikomachische Ethik, in der Übersetzung von Adolf Lasson, Verlag Eugen Diederichs, Jena, 1909

SCHLUSSWORT ÜBER NEUE GESELLIGKEIT, Alexander von Gleichen-Rußwurm, entnommen: Alexander von Gleichen-Rußwurm, Von Art und Unart – Ein Zeitspiegel des guten Tons, Merseburger Verlag, Leipzig, 1925

LIEBSTE, Brief von Franz Marc an seine Frau, 18. Mai, 1915, entnommen: Franz Marc, Briefe, Aufzeichnungen und Aphorismen - Erster Band, Verlag Paul Cassirer, Berlin,1920

ERKLÄRUNG DER RECHTE DER FRAU UND BÜRGERIN, Déclaration des droits de la femme et de la citoyenne, Olympe de Gouges, französische Nationalversammlung, 5. September 1791

HERZ, MEIN HERZ,
Heinrich Heine, entnommen: Heinrich Heine, Sämtliche Werke in vier Bänden – Band 1, Gedichte, Verlag Artemis & Winkler, München, 1992

WIE ZU EINEM BRUDER, Frieda Bettingen, entnommen: Frieda Bettingen, Gedichte, Verlag Georg Müller, München,1922

ANEKDOTE AUS DEM LETZTEN PREUSSISCHEN KRIEGE, Heinrich von Kleist, erstmals erschienen am 6. Oktober 1810 in »Berliner Abendblätter«, entnommen: Deutsches Verlagshaus Bong & Co. , Berlin, 1900

WAFFENSTILLSTAND IM WALD, Truce in the Forest, Fritz Vincken, »Readers Digest«, Januarausgabe 1973, Übersetzung: Peter Graf

DER FREUD- UND FRIEDEN BRINGENDE POSTREITER VERKÜNDET DEN WESTFÄLISCHEN FRIEDEN, Flugblatt, 1648

ALLGEMEINE ERKLÄRUNG DER MENSCHENRECHTE, Resolution der Generalversammlung der Vereinten Nationen, 10. Dezember 1948

MUTTERS HÄNDE, Kurt Tucholsky, Zuerst erschienen in: »Arbeiter Illustrierte Zeitung«, 1929, entnommen: Kurt Tucholsky, Zwischen Gestern und Morgen – Eine Auswahl aus seinen Schriften und Gedichten, Rowohlt Verlag, Hamburg, 1952

LEICHTE BILDER, Paul Scheerbart, entnommen: Paul Scheerbart, Immer mutig! – Ein phantastischer Nilpferdroman mit 83 merkwürdigen Geschichten, Suhrkamp Verlag, Frankfurt a. M., 1986

TAGE DER FREUDEN - DIE FAMILIE HÖRT MUSIK, Marcel Proust, entnommen: Marcel Proust, Tage der Freuden, in der Übersetzung von Ernst Weiß, Propyläen Verlag, Berlin, 1926

VERGÄNGLICHKEIT. Sigmund Freud, Gesammelte Werke, Bd. 10, S. Fischer Verlag, Frankfurt a. M., 1990

DEMUT, Gilbert K. Chesterton, Verteidigung des Unsinns, der Demut, des Schundromans und anderer mißachteter Dinge, Übersetzer nicht genannt, Verlag der weißen Bücher, Leipzig, 1917

MEIN GLAUBENSBEKENNTNIS, Albert Einstein, Deutsche Liga für Menschenrechte, Berlin, 1932

INTERNATIONALER TAG DER FREUNDSCHAFT, International Day of Friendship, UN-Resolution vom 27. April 2011

NOBELPREISREDE, Martin Luther King, gehalten anlässlich der Verleihung des Friedensnobelpreises am 10. Dezember 1964, Oslo

AUFHEITERUNGEN, Eugen Roth, entnommen: Sämtliche Werke – heitere Verse Erzählungen, Gedichte,Verserzählungen Anekdoten und

Erinnerungen von Eugen Roth, Hanser Verlag, München, 1977

GEGENSEITIGE HILFE IN DER TIER UND MENSCHENWELT, Mutual Aid – A Factor of Evolution, Peter Kropotkin, in der Übersetzung von Gustav Landauer, Verlag Theodor Thomas, Leipzig, 1908

DAS WÖRTLEIN, Christian Morgenstern, entnommen: Christian Morgenstern, Gesammelte Werke in einem Band, Deutscher Bücherbund, Stuttgart - Hamburg, 1965

FRÜHLING, Hugo Ball, entnommen: Hugo Ball, Sämtliche Werke und Briefe, Wallstein Verlag, Göttingen, 2007

GEMEINSAM, Rose Ausländer, entnommen: Rose Ausländer, Ich höre das Herz des Oleanders – Gedichte 1977–1979, S. Fischer Verlag, Frankfurt a. M., 1984

IMPRESSUM

Der VERLAG DAS KULTURELLE GEDÄCHTNIS dankt seinen Unterstützern: Reinhart Binder, Frederic Böhle, BUCHMARKT, Andrew & Jeff Goldstein, Janine & Philipp Graf, Eva Großjean-Ehe, Heinz Hörner, Lucian Krawczyk, Kathrin Kunkel-Razum, DAS MAGAZIN Die Kulturzeitschrift, Friederike Mayer-Lindenberg, Ulrich Noethen, Gabriele Pohlmann, Oliver Razum, Stefan Reiserer, Elisabeth Ruge, Thomas Sarbacher, Thomas Schöller, Hartmut Sommer, Ingrun Spazier, Simone Stampehl, Beate Swoboda, den Gesellschaftern des Verlages sowie einigen Ungenannten, die im Dank eingeschlossen sind.

ISBN: 978-3-946990-81-9
1. Auflage 2024
© Verlag Das Kulturelle Gedächtnis GmbH, Berlin

mis en bouteille au château

Gesamtgestaltung: studio stg / 2×Goldstein+Fronczek
Gestaltung & Satz: studio stg
Herausgabe: Thomas Böhm, Peter Graf
Korrektorat: Andrea Sacher und Wolfgang Seibt
Druck & Bindung: CPI books GmbH, Ebner & Spiegel Ulm

Mehr zum Verlag auf: www.daskulturellegedächtnis.de

Aus Gründen des Umweltschutzes schweißen wir unsere Bücher nicht ein.